営業生産性を高める！

「データ分析」の技術

Business data
↓
Data discovery process model

Collection 〉 Data analysis 〉 Visualization
↓
Data-driven sales process model

Getting insights 〉 Communication 〉 Implementation
↓
Enhancing business performance

データ分析・活用コンサルタント
高橋 威知郎

同文舘出版

はじめに

「毎日、営業日報を提出しろ！」
「毎日、CRM を更新しろ！」

　しぶしぶ書いている営業日報。面倒だと感じながらデータ入力し、更新している CRM（顧客関係管理システム）。管理されているプレッシャーしか感じない……。

　自分独自のやり方で営業活動を管理している営業パーソンも、多いのではないでしょうか。このような営業パーソンにとって、営業日報を書くことや CRM のデータ入力は、メリットの少ない面倒な作業に感じることでしょう。「会社が営業を管理したいだけだろ！」と愚痴りたくなるような作業です。

　多くの場合、「見える化」というキャッチフレーズのもと、CRM などが導入されます。ブラックボックス化された営業活動を「見える化」し、管理するためです。

　管理される側の営業パーソンにとっては、何もうれしくありません。データ入力の手間暇が増えるだけです。

　このような「見える化」という管理目的の CRM などのデータは、ほぼ間違いなく"汚い"です。**「汚いデータ」とは、真実からかけ離れたデータが混じっている状態**のことです。このようなデータの何を、どこまで信じればよいのか。分析で使うには勇気のいるデータです。

　現場の営業パーソンがメリットを感じないと、きれいなデータは集まりません。汚いデータだけが延々と溜まり続けるだけです。

　想像してみてください。
「営業日報を毎日書いたら、営業成績があがった！」
「CRM を都度更新したら、効率的に受注できるようになった！」

　しぶしぶ書いていた営業日報が、うきうき書く営業日報に変わる。いい加

減にデータ入力されていたCRMが、積極的にデータ入力されるCRMに変わる。

そのためには、営業日報やCRMなどのデータを、うまくビジネス活用する必要があります。

効率的に受注でき、営業目標が達成され、収益が拡大し、営業生産性が向上し、さらに営業パーソンの給料があがる。それを実現するのが、「**セールス・アナリティクス**」というデータ分析です。

でも、いきなりセールス・アナリティクスの全社展開に、二の足を踏む人も多いことでしょう。

安心してください。セールス・アナリティクスは、「**小さく始めて大きく波及させるのが正攻法**」です。逆に、この原則を破るとうまくいきません。

具体的には、まず少人数（もしくは1人）で今あるデータだけを使い、セールス・アナリティクスで成果をすぐ出します。その成果をもとに社内を納得させ、必要なデータを新たに取得するためのIT投資を行ないます。そして徐々に、全社展開していけばいいのです。

本書では、この「セールス・アナリティクス」という武器を使い、営業・販売促進活動を効率化し、営業生産性をあげる方法をご紹介します。

セールス・アナリティクスで使うデータは、営業日報やCRMのデータ、サイトのアクセスログなど、多くの企業にあるものです。ベースになるのはCRMのデータ（もしくは受注履歴データ）です。本書では、セールス・アナリティクスで使うこれらのデータを、「営業関連データ」と呼びます。

この営業関連データは、多くの企業では「汚いデータ」のままです。企業規模に関係なく、とにかく汚い。CRMに蓄積されているデータの中で、まともに使えるのは「受注履歴」（いつ誰に何が売れたか）だけというケースもあります。

それでも構いません。今すぐ使える営業関連データだけで成果をあげていくところから、始めましょう。

本書の構成は、以下のようになっています。

1章で、セールス・アナリティクスの概要をお話しします。

2章で、セールス・アナリティクスを「仕組み化」するうえで軸になる「3種類の指標」について説明します。

3章で、集めた営業関連データから「重要な数字」を生み出すための「データの3つの技術」について、4章で、生み出された「重要な数字」を活かし収益につなげる「数字の3つの技術」について説明します。

5章では、セールス・アナリティクスの3つの成功事例を紹介します。

最後に、自ら分析をする人のために付録1・付録2をつけました。

付録1は、無料分析ツールRのPCへのインストールの仕方と使い方を説明しています。付録2は、Rを使った予測（簡便法と統計モデル）について説明します。簡便法とは、統計モデルを使わず、Excelだけでもできる予測のやり方です。

なお、分析ツールはR以外の他のものでも構いません。Excelでも十分セールス・アナリティクスはできます。

分析手法も、あえて難しいものを使う必要はありません。集計レベルでも十分です。統計モデルを使ったとしても、統計学的な厳密さを考慮せず、簡単な統計モデルを構築して使います。実務ですぐ活かすことを優先しているからです。

さらに言えば、セールス・アナリティクスはCRMなどのシステムを導入しなくても、Excelだけでも十分できます。

一方で、最近は安価（月数千円～）で導入しやすいCRMが増えています。例えば、Salesforce.com や Zoho CRM、Microsoft Dynamics CRM Online、Oracle CRM On Demand などのクラウド型CRMです。中小企業にも広まった大きな要因でしょう。

クラウド型CRMは、使いこなせればExcelよりも楽ですが、使いこなせなければ、安価とはいえコストの垂れ流しになってしまいます。

すでにCRMを導入している企業は、セールス・アナリティクスの観点で、活用方法を見直してみましょう。

CRM を導入していない企業は、まずは Excel でセールス・アナリティクスをやり始め、必要があれば安価なクラウド型 CRM の導入を検討してみてもよいでしょう。

ここで紹介するセールス・アナリティクスは、**「今あるデータだけですぐ成果を出すこと」** を最優先します。新たな CRM などのシステム導入や再構築は、最初の段階では必要ありません。時間がかかるからです。

営業の現場に近いほど、すぐ成果を欲しがります。いつ成果を得られるのか分からないものは、営業の現場では見向きもされなくなります。

本書を通じて、データ分析で成果を出す営業の部署や営業パーソンが増え、もっと営業の現場でデータ分析活用が浸透することを願っています。

高橋威知郎

『営業生産性を高める!「データ分析」の技術』目次

はじめに

1章
データで営業生産性をあげる
セールス・アナリティクス

1 なぜIT全盛時代に営業生産性が高まらないのか?

営業にIT投資をしても無駄かもしれないと憂鬱になる …… 12

IT化が進んでも生産性のあがらない日本という国 …… 13

データ分析の「意識高い系企業」が増えてはいるけれど …… 16

ビッグデータ時代に「リトルデータ」すら活用できない悲しい現実 …… 18

試しにデータ分析をしてみたら意外と効果があって驚いた …… 20

2 セールス・アナリティクスという武器を仕組み化する

営業生産性とは? …… 23

問題は因数分解すると見えてくる …… 25

なぜセールス・アナリティクスで営業生産性があがるのか? …… 27

セールス・アナリティクスのシンプルな「仕組み」 …… 28

仕組みは「指標」が軸になる …… 33

3 セールス・アナリティクスで営業生産性が向上した企業

セールス・アナリティクスの仕組みがドライブした3社の事例 …… 35

事例1:ろくに溜まっていないデータで成果を手にしたベンチャー企業 …… 36

事例2:怪しいデータなのに離反が減った大手精密機器メーカー …… 37

事例3:ばらばらのデータを融合し、客単価をあげた部品専門商社 …… 38

セールス・アナリティクスのある大きな成功要因 …… 40

2章
セールス・アナリティクスの軸となる「3つの指標」

1 よい指標はよい「分解」から生まれる
セールス・アナリティクスの出発点となる2つの分解 …… 42
成果を「見える化」する「成果分解」…… 44
受注プロセスを「見える化」する「プロセス分解」…… 45

2 分解したら「3つの指標」を設計する
セールス・アナリティクスの3つの指標 …… 52
フロー指標はアクショナブル …… 54
よい指標の5つの条件 …… 56

3 指標化するといろいろな「見通し」がよくなる
分解し指標化すると問題の「見通し」がよくなる …… 58
未来の「見通し」をよくするセールス・アナリティクス …… 60
集めるべきデータの「見通し」がよくなる …… 62

3章
集めたデータから重要な数字を生み出す「データの3つの技術」

1 データを収集する技術
データを収集する技術とは? …… 66
データをよみがえらせるデータ・ネクロマンシー …… 70
データを日々入力してもらう仕掛け …… 73
正しいデータを蓄積する取り組み …… 76
集めただけでは何も起こらない …… 78

2 データを変換する技術

データを変換する技術とは? …… 80

多様な軸で計算された「指標」…… 83

指標と要因の「関係性」…… 87

指標の「予測値」…… 93

「3種類の数字(データ)」はそのままでは分かりにくい …… 100

3 データを表現する技術

データを表現する技術とは何か? …… 102

定義と意味を一覧表にまとめる …… 103

グラフと表で分かりやすくする …… 107

構造化しストーリー化する …… 110

「見える化」しただけでアクションが起こるほど甘くない …… 117

4章
データを活かし収益につなげる
「数字の3つの技術」

1 数字で考える技術

数字で考える技術とは? …… 120

「何が起こっていたのか(過去)」を考える …… 122

「どうなりそうか(未来)」を考える …… 126

「何をすればよいのか(アクション)」を考える …… 129

考えただけでは組織も人も動かない …… 132

2 数字で伝える技術

数字で伝える技術とは? …… 134

数字を交えて伝える …… 135

迷ったらPREPで伝える …… 137

報告書はPREPを入れ子にする …… 139

伝えるだけでは継続されない …… 142

3 数字で動かす技術

数字で動かす技術とは？……144
計画(Plan)は逆算で組み立てる……146
実行(Do)は情報収集の場でもある……152
成否を決めるSee(統制)会議……153
今あるデータで小さく始め、大きく波及させる……157

5章
ケーススタディ
──いかにして営業生産性をあげたのか

事例1 ろくに溜まっていないデータで成果を手にしたベンチャー企業……162
課題背景／データ状況／実施プロセス／得られた成果／成功した要因

事例2 怪しいデータなのに離反が減った大手精密機器メーカー……171
課題背景／データ状況／実施プロセス／得られた成果／成功した要因

事例3 ばらばらのデータを融合し、客単価をあげた部品専門商社……180
課題背景／データ状況／実施プロセス／得られた成果／成功した要因

付録1
はじめての
「無料分析ツールR」の使い方

1 ツールのインストール……188
Rのインストール／RStudioのインストール／パッケージのインストール

2 RStudioの超基本……198
プロジェクト構築／RStudioによるデータの読み込み

3 簡易分析例 …… 205

変量の特徴(平均値・標準偏差など)／変量の関係(散布図・相関係数など)

付録2

Rを使った予測(簡便法と統計モデル)

1 簡便法による予測 …… 220

受注率を予測する／受注期間を予測する／受注金額を予測する／離反率を予測する／
LTVを予測する／フロー指標の値を予測する

2 統計モデルを使った予測 …… 234

罰則付き回帰モデルとは?／統計モデル構築用データの作成／
受注率を予測するための統計モデルの構築

3 次に勧めるべき商材を予測(レコメンド)する …… 240

おわりに

カバーデザイン、本文デザイン・DTP　ニクスインク

1章

データで
営業生産性をあげる
セールス・
アナリティクス

1 なぜIT全盛時代に営業生産性が高まらないのか？

営業にIT投資をしても無駄かもしれないと憂鬱になる

　私は約15年前に国家公務員を辞め、民間のビジネス・コンサルティング会社に入社しました。このとき生まれて初めて法人営業を経験しました。

　最初は上司の手伝いをするくらいで、営業スキルは皆無です。心の動きを感じ取り臨機応変に対応するといったコミュニケーション力のなさは悲惨なもので、一生まともな営業は無理だと落ち込んだこともありました。

　そんな私でも昇進とともに、営業活動全般を任されるようになりました。ビジネス・コンサルティング会社には専門の営業職がおらず、コンサルタント自らが営業して仕事を取ってきます。

　私の行なっていた営業活動はシンプルです。まず、引合のあったリード（見込み顧客）のもとに訪問し、ヒアリングをします。次に、ヒアリング内容をもとにパワーポイントで提案資料を作り、その資料をもとにリード（見込み顧客）に提案をします。基本はこの流れです。

受注プロセス例

※「潜在」とは、接触可能なリード（見込み顧客）にすらなっていない状態
※「引合」後に、接触可能なリード（見込み顧客）になる

しかし、一度の提案で受注することは少なく、「提案資料作り」と「提案のための訪問」を何度か繰り返します。場合によっては、来年度以降の予算に組み込んでもらうための提案活動や、そのための社内稟議支援もします。息の長い営業活動が求められ根気がいるものでした。

　このような息の長い営業活動で最も避けるべきは、受注確度の低いリード（見込み顧客）を、だらだらと追いかけてしまうことです。

　約10年間コンサルティング会社にいましたが、この営業のやり方が大きく変わることはありませんでした。

　大きく変わったのは、私が多くの経験を積んだこと、社内のIT化が進んだことの2点です。この10年間で私の営業生産性はあがりましたが、それはIT化によるものというより、私が経験を積むことで効率的に営業活動ができるようになったからでした。

　そして社内のIT化が進むことで、便利になったというよりも、本来の営業活動の時間が圧迫されているように感じました。

　例えば、CRM（顧客関係管理システム）。CRMとは、顧客とのやり取りをデータとして蓄積するシステムです。

　このCRMにデータを入力する手間暇はたまったものではありません。

　案件登録から日々の活動記録までを入力します。メールや電話、訪問などをする度にCRMにデータ入力するのは、データ入力への意識が非常に高い人か相当まめな人でないと無理でしょう。

　そのうち月末にまとめて入力をするなど、だんだんいい加減になります。

IT化が進んでも生産性のあがらない日本という国

　この20年間で日本のIT投資額は大幅に増え、IT化が進みました。

　私が就職した20年前（1990年代後半）とは雲泥の差です。当時は、インターネットが普及し始めた時期で、ITという言葉が盛んに使われるようになりました。

　官公庁にいた私にはメールアドレスすらなく、外部とのコミュニケーショ

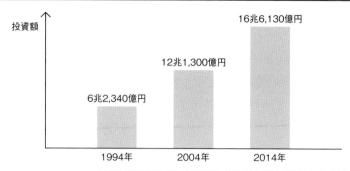

企業のIT投資額の推移

※出典:総務省「平成27年度ICTの経済分析に関する調査」のデータをもとに加工

ンは電話が中心でした。休暇を取るときは上司のハンコが必要で、連絡事項は回覧板で回ってきました。

　一方、企業のIT投資は活発化します。CRMやSFA（営業支援システム）など営業・販売促進活動を支援するシステムが導入され始めたのもこの時期（1990年代後半）です。

　そして、2000年代にCRMやSFAは急速に広まり、今や一部の大企業だけでなく、中小企業や個人事業主にまで広まっています。現在CRMとSFAはほぼ同一のもの、もしくはCRMの一部にSFAが含まれていると見なされています。

　ところで、IT化で日本の生産性は高くなったのでしょうか。
　毎年、各国の生産性の統計値が公益財団法人日本生産性本部から発表されています。2015年度版（統計値は2014年のもの）では、先進7カ国で日本は最下位です。OECD加盟国34カ国中で日本は21位、ギリシャは19位です。財政破たんしたギリシャよりも日本の労働生産性は低いのです。

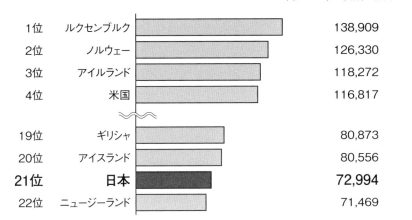

では、日本の労働生産性は、20年前と比べてどうなっているのでしょうか。

IT投資は大きく増えましたが、労働生産性は大きく変化していません。少なくとも今までのIT化だけでは、生産性を改善するほどのインパクトはなかったようです。

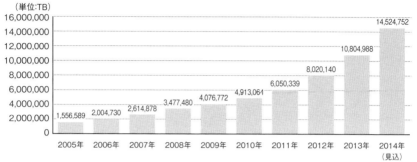

日本のデータ流通量

そして、IT化の副産物としてデータだけがどんどん溜まっていきます。

このデータを何とかビジネス活用できないだろうかと考える人や企業が最近増えています。

データ分析の「意識高い系企業」が増えてはいるけれど

今まで企業におけるデータ分析活用は、二極化していました。**データ分析活用の進んでいる企業と、そうでない企業**です。

最近はこの中間の企業が増えています。データ分析活用を進めようと頑張っている企業です。「ビッグデータ」「データサイエンス」「AI（人工知能）」「機械学習」「IoT（モノのインターネット）」「クラウド」といったキーワードの広がりとともに増えています。

そして、このような企業の中には、次の3つの特徴を持つ「惜しい企業」を最近見かけます。

・データ分析を活用したいという「意思」がある
・データ分析を活用して「やりたいこと」が具体的である
・そのための「データ」も蓄積されている

データ分析活用の「意識高い系企業」

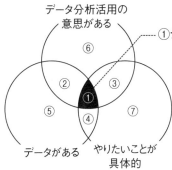

共通しているのは、データ分析活用がうまくいっていないこと

「意思」と「やりたいこと」と「データ」の三拍子が揃っています。一見するとうまくいきそうです。しかし、現実はうまくいっていない。

私は、このような企業をデータ分析活用の**「意識高い系企業」**と呼んでいます。

そのような中、「営業・販売促進活動を効率化し収益を拡大したい」ということを「やりたいこと」として掲げる企業が増えています。

蓄積された営業関連データ（例：CRMデータや営業日報、サイトのアクセスログなど）を収益拡大に活かせないだろうかということです。営業・販売促進活動は、収益にダイレクトに反映します。そのため、そこの生産性があがればインパクトは大きい。

このような企業から、例えば次の5つの悩みをよく聞きます。

①イベントなどで集客したリード（見込み顧客）が多く、その後対応しきれない
②受注確度が低いリード（見込み顧客）をだらだら追いかけてしまい、効率が悪い
③苦労して受注したのに、思ったほど大きな売上につながらなかった
④自社商材の種類が多いため把握しきれず、商材の提案漏れによる機会損失

1章 データで営業生産性をあげるセールス・アナリティクス 17

が発生している

⑤忙しいからと何もせず放置していた既存顧客が、競合に奪われた

　この5つの悩みを、溜めていたCRMデータや営業日報、サイトのアクセスログなどの「営業関連データ」で解決できないかという相談です。

　まさに、「データ（CRMデータなど）」があり、「やりたいこと（上記5つの悩みの解決）」が具体的で「意思」もあります。しかし、うまくいっていない。

　一体、何が足りないのでしょうか。

　最近流行のMA（マーケティング・オートメーション・システム）やDMP（データ・マネジメント・プラットフォーム・システム）、BI（ビジネス・インテリジェンス）ツールなどのシステムやツールが、足りないからでしょうか。

　これらのシステムやツールを導入すれば解決できるのでしょうか。

ビッグデータ時代に「リトルデータ」すら活用できない悲しい現実

　最近の営業・販売促進活動に関係するIT化は目覚ましく、従来の営業関連データ（CRMデータや営業日報、サイトのアクセスログなど）に加え、最近はMAやDMPといったものが登場しました。従来のCRMと連携することができ、データ分析の可能性を広げます。そして、例によってIT化の副産物として、データだけはどんどん溜まってきます。

　さらに、データ分析活用を促すBIツールを導入する企業も増えています。BIツールのいいところは、データ分析の専門家に頼らず、現場で簡単な分析ができ、スピーディーに分析結果が活かせることです。

否が応でもビッグデータ化されていく

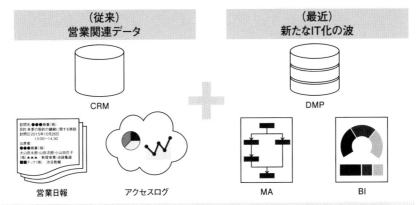

このように、どんどんデータは溜まっていき、さまざまなデータが統合され、簡単に現場で分析できる環境は整ってきています。まさにビッグデータの時代です。

一方、営業現場に目を向けてみると、どうでしょうか。
「ビッグデータ」どころか、「リトルデータ」すら活用されていない。このようなIT化を見ていると、まるで「形から入る」を地で行くかのようです。
例えば、ダイエットのために運動をしようと決意した。とりあえずかっこいいスポーツウェアとランニングシューズを買ってみた。しかし、三日坊主どころか一日坊主で終了。
何が足りないのでしょうか。強い意思が足りないのでしょうか。それとも根性でしょうか。このような精神論でどうにかなるものでしょうか。
精神論だけで1週間、1カ月は続いても、いつかは挫けます。精神論に頼らない何かが必要です。
それは「仕組み」です。

CRMやMA、DMPなどのシステムを導入するのも、自分好みのスポーツウェアとランニングシューズを買うのと同じようなものです。どんなに素

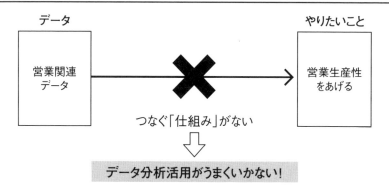

晴らしい道具を手に入れたとしても、それを活かす「仕組み」がなければなりません。

どんなにデータがあっても、どんなにやりたいことが具体的でも、どんなに意思が強くても、どんなにIT投資をしても、それを活かす「仕組み」がないとうまくいかないのです。

試しにデータ分析をしてみたら意外と効果があって驚いた

私はデータ分析を武器にビジネスをしています。そこで私は、当時在籍していた会社のCRMデータを使い、試してみました。

蓄積されていたデータを確認してみると、想像通り、そのままでは使えない「汚いデータ」でした。正直、「これはないだろ」と思うレベルでした。

結論から言うと、驚いたことに、**汚いデータでも営業生産性をあげられた**のです。目の前が明るくなりました。汚いデータでも何とかなる。データ分析のパワーに私自身、驚きました。

どのくらい効果があったのかというと、当時在籍していた会社の場合、**初回訪問後のリード（見込み顧客）の受注率が大幅にアップ**しました。20％前後だった受注率が75％まで跳ね上がったのです。

セールス・アナリティクスの効果例

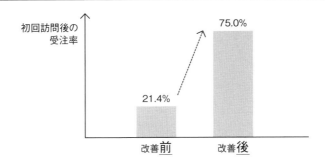

では、具体的に何をやったのか。

初回訪問後にリード（見込み顧客）の受注率と受注金額を予測し、追うべきリード（見込み顧客）をデータで絞り込んだのです。このことで、受注しやすい高収益なリード（見込み顧客）に提案活動を集中することができ、受注率が大幅にアップしました。

このようなデータ分析活用は、「**セールス・アナリティクス**」と呼ばれているものです。

受注プロセス改善例

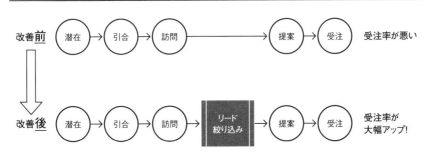

初回訪問後にリード（見込み顧客）の受注率と受注金額を予測し、追うべきリードを絞り込むことで、受注率が大幅アップ！

では、なぜうまくいくようになったのか。

受注率と受注金額を予測するようになっただけでは、うまくはいきません。「データ（CRMデータなど）」と「やりたいこと（営業生産性を高めたいなど）」をつなげるセールス・アナリティクスの「仕組み」を構築したからです。

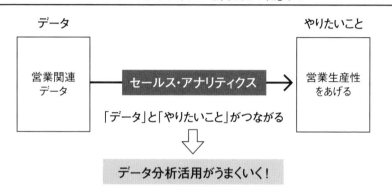

セールス・アナリティクスを「仕組み化」する

2 セールス・アナリティクスという武器を仕組み化する

営業生産性とは？

そもそも、営業生産性とは何でしょうか。

営業生産性とは、どれだけの「リソース（投入した労働量など）」でどれだけの「リターン（売上など）」を得たのかを表わしたものです。

例えば、営業生産性が高いとは、少ない労働時間でより多くの売上をあげることです。セールス・アナリティクスはこの営業生産性をあげます。

簡単な数式を使って、営業生産性の説明を続けましょう。

営業生産性は、「**営業生産性＝売上÷総労働時間**」で計算します。営業1人1時間あたりの売上です。

例えば、営業部員100名で売上500億円とします。

年間労働日数260日で1日の労働時間を8時間とすると、総労働時間は208,000時間（100名×260日×8時間）になります。

このとき、営業生産性は240,384円（500億円÷208,000時間）です。1人の営業パーソンが、1時間働くごとに約24万円売り上げていたことになります。

営業生産性の定義

$$\text{営業生産性} = \frac{\text{売上}}{\text{総労働時間}}$$

（営業1人1時間あたりの売上）

1章　データで営業生産性をあげるセールス・アナリティクス　23

営業生産性の計算例

- 売上
  500億円
- 営業の総労働時間（年間）
  208,000時間
  ・営業部員：100名
  ・年間労働日数：260日
  ・1日の労働時間：8時間

$$\text{営業生産性} = \frac{\text{売上}}{\text{総労働時間}} = \frac{500\text{億円}}{208,000\text{時間}} = 240,384\text{円}$$

（営業1人1時間あたりの売上）

　営業生産性は、時系列の推移を見たり、部署間で比較をしたりすることで、問題が起こっていないかを探ったりします。

　例えば、以下のグラフです。見えてくるのは、「昨年に比べ約20％営業生産性がダウンした」ことや、「第5営業部は第2営業部に比べ営業生産性が半分しかない」ことなどです。

　なぜ約20％ダウンしたのか。なぜ約半分なのか。
　時系列の推移や部署間の比較だけでは、どのような問題があったのかが見えてきません。

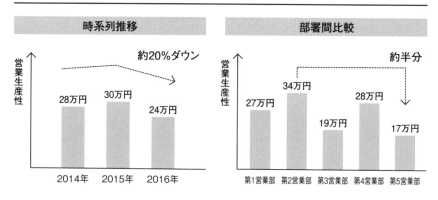

営業生産性のグラフ化イメージ

問題は因数分解すると見えてくる

　営業生産性は、さらに「**営業効率**」と「**営業稼働率**」の2つに分解できます。
　営業効率とは、営業1人営業活動1時間あたりの売上で「営業効率＝売上÷営業活動時間」で計算します。
　営業稼働率とは、総労働に占める営業活動時間の割合で「営業稼働率＝営業活動時間÷総労働時間」で計算します。

　例えば、総労働時間208,000時間で、そのうち104,000時間が営業活動時間とすると、営業稼働率は50％（104,000時間÷208,000時間）です。
　売上が500億円とすると、営業効率は480,769円（500億円÷104,000時間）です。
　要するに、総労働時間のうち50％を営業活動に使い、営業活動を1時間行なうごとに約48万円売り上げていたことになります。

営業生産性を営業効率と営業稼働率に分解する

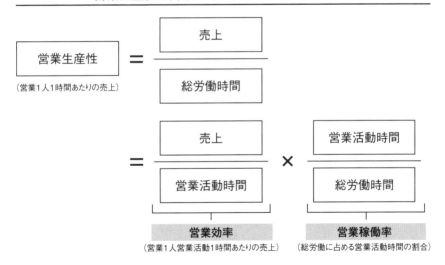

　※営業活動　商談や提案書の作成などの直接的に売上につながる業務
　※非営業活動　事務処理や健康診断、CRMのデータ入力など直接的に売上につながらない業務

営業効率と営業稼働率の計算例

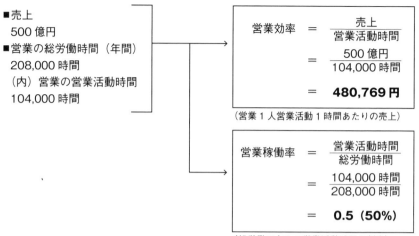

営業効率と営業稼働率を同時に見るために、「**営業生産性マップ**」（横軸：**営業稼働率**、縦軸：**営業効率**）をよく使います。営業生産性マップ上で、時系列の推移や部署間の比較をすると、先ほどの営業生産性のグラフに比べ、問題の見通しがだいぶよくなります。

例えば、以下のマップです。

営業生産性マップのイメージ

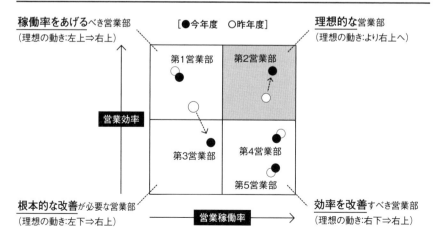

先ほどの営業生産性のグラフから、営業生産性の最も高いのは第2営業部。次いで高いのが第4営業部。僅差で第1営業部。最も低いのが第5営業部です。

　この最も営業生産性の高い第2営業部は、営業効率をあげることで、さらに営業生産性をあげています。

　営業生産性のほぼ同じ第1営業部と第4営業部は、第1営業部は営業効率が高いために営業生産性が高く、第4営業部は営業稼働率が高いために営業生産性が高いことが分かります。共通しているのは、どちらの営業部も変化がないことです。第1営業部は営業稼働率を改善すべきだし、第4営業部は営業効率を改善すべきであることが分かります。

　第5営業部は、最も生産性の高い第2営業部と営業稼働率はほぼ同じですが、営業効率が著しく悪いことが分かります。つまり、第5営業部は営業効率を大きく改善する必要があります。

　同じ企業内であれば、部署間や個人間で営業稼働率に大きな差が出ることは稀です。営業稼働率の悪いのは、新人とエライ人くらいです。新人は、研修などで営業活動時間の割合が小さくなり、エライ人はマネジメント業務が中心になるからです。

　つまり多くの場合、部署や個人単位で営業生産性を改善しようとしたとき、営業効率を改善することになります。営業稼働率を改善するには、会社単位で取り組む必要があるからです。

　この例が示すように、分解していくと、問題の見通しがよくなります。セールス・アナリティクスでは、さらに営業効率を**「成果分解」**と**「プロセス分解」**という2つの分解を実施し、より問題の見通しをよくします。詳細は、2章で説明します。

なぜセールス・アナリティクスで営業生産性があがるのか？

営業生産性をあげるには、営業効率をあげるか営業稼働率をあげるかのど

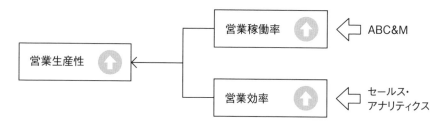

ちらかです。

　営業効率をあげるとは、**営業パーソンが営業活動時間の中で、効率的に売上をあげていくこと**です。

　やり方としては、「**セールス・アナリティクス**」があります。本書の主題です。営業関連データ（例：CRMデータや営業日報、サイトのアクセスログなど）を使い、効率的に売上をあげることで営業生産性をあげていきます。

　営業稼働率をあげるとは、**営業パーソンの労働時間に占める営業活動の時間を増やすこと**です。

　そのためには、営業パーソンのすべての業務活動を分析する必要があります。営業・販売促進活動以外の事務処理や健康診断、CRMのデータ入力なども分析対象にするため、この本では扱いません。

　やり方としては、ABC＆M（アクティブ・ベースド・コスティング＆マネジメント）があります。興味のある方は、『営業力向上・プロセス改善を実現するABC/ABM実践ガイドブック』（松川孝一著、中央経済社、2010年)」などが参考になります。

セールス・アナリティクスのシンプルな「仕組み」

　セールス・アナリティクスの「仕組み」は**非常にシンプル**です。
　セールス・アナリティクスは、次の２つの仕組みで構成されます。

セールス・アナリティクスの仕組み

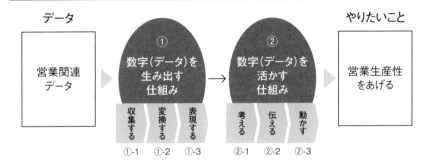

①数字（データ）を生み出す仕組み
②数字（データ）を活かす仕組み

　ここでいう「数字（データ）」とは、指標や分析結果などです。

①数字（データ）を生み出す仕組み
「数字（データ）を生み出す仕組み」とは、集めたデータで「見える化」する仕組みです。

　まず、CRMのデータや営業日報、サイトのアクセスログなどの営業関連データを集めます（①−1）。次に、その集めたデータを加工や集計、分析することで意味ある情報（指標や分析結果など）に変換します（①−2）。そして、その情報をグラフや表などで表現し、パワーポイントで作った紙の報告書や、Excelのレポート、BIツールのダッシュボードなどにまとめ、解釈可能な数字として「見える化」します（①−3）。そのための「データの3つの技術」については、3章で詳しく説明します。

　この①の「数字（データ）を生み出す仕組み」は、多くの人がイメージするデータ分析に近いのではないでしょうか。しかし、データ分析としてイメージする範囲が、人や置かれた状況によって異なります。

　例えば、①−2の「変換する」の部分のみを「データ分析」とイメージするケースがあります。データを集計したり分析したりするところだけを、データ分析と捉えるケースです。

1章　データで営業生産性をあげるセールス・アナリティクス　29

数字(データ)を生み出す仕組みの「データの3つの技術」

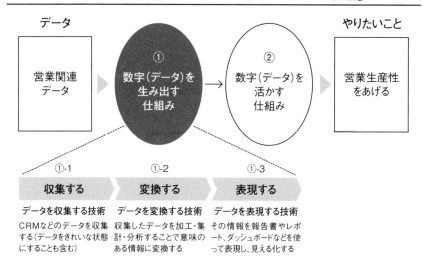

　他には、データを集めビジネスに活かすところ(①と②のすべて)までを「データ分析」とイメージするケースがあります。セールス・アナリティクスは、このデータ分析のイメージになります。

データ分析のイメージの範囲

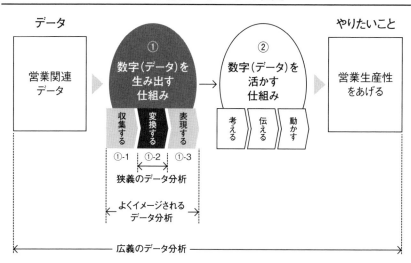

①の「数字（データ）を生み出す仕組み」は、外部の専門家に頼めば、それなりのものができあがります。そのため、一度外部に依頼し基盤を作ってしまえば、あとは社内だけで十分運用できます。データ分析活用がうまくいっていなくとも運用だけはできます。

　実際、CRM や BI などのシステムは構築され運用されているのに、データ分析活用がうまくいっていないケースは結構多くあります。

②**数字（データ）を活かす仕組み**
「数字（データ）を活かす仕組み」とは、①で見える化された数字（データ）をもとに、考え、伝え、組織を動かす仕組みです。

　まず、①で出力された報告書やレポート、BI ツールのダッシュボードを見て、何が起こっているのか、今後どうすべきかなどを考えます（②-1）。次に、その考えたことを、数字を交えて同僚や上司、部下、そして他の組織の人に伝え納得してもらいます（②-2）。そして、未来に向かって組織が動いていきます（②-3）。そのための「数字の3つの技術」については、4章で詳しく説明します。

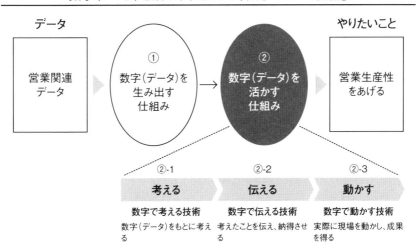

数字（データ）を活かす仕組みの「数字の3つの技術」

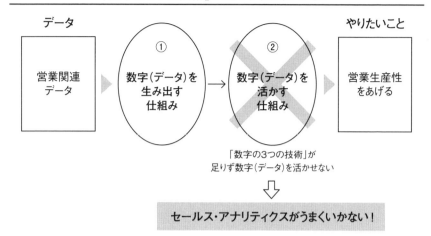

　セールス・アナリティクスなどの「人を軸としたデータ分析活用」がうまくいっていない多くのケースでは、②の「数字（データ）を活かす仕組み」がスッポリ抜け落ちています。数字で考え伝え動かすといった「数字の３つの技術」のスキル不足が、大きな壁として立ちはだかっているのです。

　電子機器の自動制御のように、あまり人を介さないデータ活用であれば、この「数字の３つの技術」は必要ないかもしれません。しかし、セールス・アナリティクスは「人を軸としたデータ分析活用」です。人が分析結果を見て考えなければなりません。単に考えるだけではダメで、それを人に伝え、動かす必要も出てきます。

　その**「考える・伝える・動かす」**のが**「数字の３つの技術」**なのです。

　つまり、②の「数字（データ）を活かす仕組み」を構築する場合、外部の専門家に頼るには限界があります。**データ分析を実際のビジネスに活かすのは、外部の専門家ではなく現場の営業パーソン**です。現場の営業パーソン自ら「数字（データ）を活かすための力」をつけなければなりません。

　要するに、①の「数字（データ）を生み出す仕組み」は外部頼みである程度はできるが、②の「数字（データ）を活かす仕組み」は外部頼みでは限界があるということです。

近年、「見える化」というキャッチフレーズとともに、①の「数字(データ)を生み出す仕組み」だけ作って、②の「数字(データ)を活かす仕組み」が疎かになっている企業が増えている印象があります。2つの仕組みが揃って初めて、セールス・アナリティクスなどの「人を軸としたデータ分析活用」は機能するのです。

仕組みは「指標」が軸になる

「数字(データ)を生み出す仕組み」と「数字(データ)を活かす仕組み」は、セールス・アナリティクスの「3種類の指標」を軸に構築されます。詳細な説明は2章でしますが、ここで簡単に紹介しましょう。

3種類の指標とは、以下の3つです。

①成果指標
②ストック指標
③フロー指標

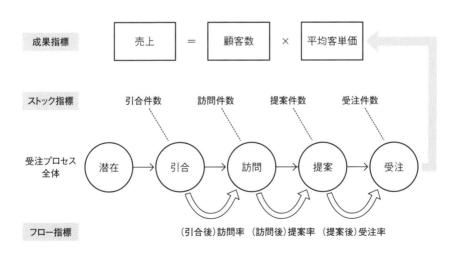

3種類の指標

2つの「仕組み」は指標が軸になる

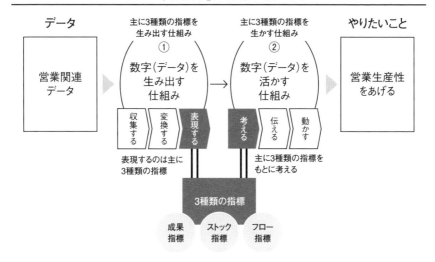

　①の「成果指標」は、売上や顧客数、平均客単価などの営業・販売促進活動の「成果」です。
　成果を得るための「受注プロセス」のステータス（例：訪問、提案、受注など）が②の「ストック指標」で、その遷移（例：「訪問⇒提案」、「提案⇒受注」など）が③の「フロー指標」になります。

　この「3種類の指標」を生み出すのが「数字（データ）を生み出す仕組み」で、この「3種類の指標」を活かすのが「数字（データ）を活かす仕組み」というわけです。
　セールス・アナリティクスの仕組み作りは、まず3種類の指標の設計をするところから始めます。次に、3種類の指標を軸に「数字（データ）を生み出す仕組み」と「数字（データ）を活かす仕組み」を作り上げていきます。
　2章でこの「3種類の指標」について、3章で「3種類の指標」を生み出す「数字（データ）を生み出す仕組み」について、4章で「3種類の指標」を活かす「数字（データ）を活かす仕組み」について、それぞれお話ししていきます。

3 セールス・アナリティクスで営業生産性が向上した企業

セールス・アナリティクスの仕組みがドライブした3社の事例

セールス・アナリティクスを仕組み化し、あきらめずにある程度続ければ、営業効率がよくなり、営業生産性はあがっていきます。

ここで3社の成功事例を簡単に紹介しましょう。

【事例1】ろくに溜まっていないデータで成果を手にしたベンチャー企業
【事例2】怪しいデータなのに離反が減った大手精密機器メーカー
【事例3】ばらばらのデータを融合し、客単価をあげた部品専門商社

事例1のみベンチャー企業で、他は大企業です。事例1は新規顧客の獲得に関するもので、事例2は既存顧客の離反阻止、事例3は既存顧客の取引額拡大（客単価アップ）に関するものになります。

各事例のテーマ

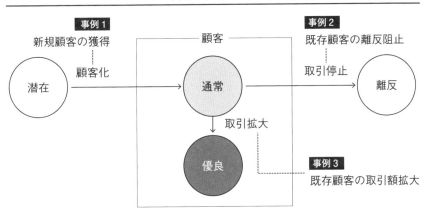

より具体的な解説は5章でしますが、これらの事例を見ることで、新規顧客の獲得から既存顧客の維持・拡大まで、セールス・アナリティクスの分析活用事例を網羅していただけます。

事例1：ろくに溜まっていないデータで成果を手にしたベンチャー企業

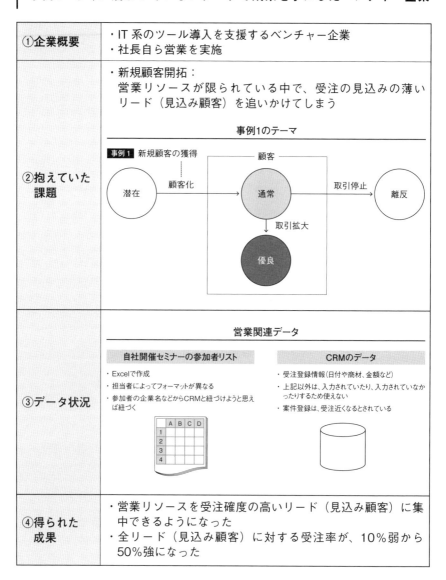

①企業概要	・IT系のツール導入を支援するベンチャー企業 ・社長自ら営業を実施
②抱えていた課題	・新規顧客開拓： 営業リソースが限られている中で、受注の見込みの薄いリード（見込み顧客）を追いかけてしまう
③データ状況	自社開催セミナーの参加者リスト ・Excelで作成 ・担当者によってフォーマットが異なる ・参加者の企業名などからCRMと紐づけようと思えば紐づく CRMのデータ ・受注登録情報（日付や商材、金額など） ・上記以外は、入力されていたり、入力されていなかったりするため使えない ・案件登録は、受注近くなるとされている
④得られた成果	・営業リソースを受注確度の高いリード（見込み顧客）に集中できるようになった ・全リード（見込み顧客）に対する受注率が、10％弱から50％強になった

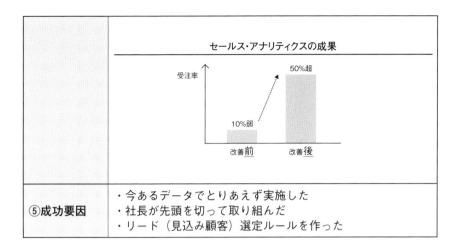

| ⑤成功要因 | ・今あるデータでとりあえず実施した
・社長が先頭を切って取り組んだ
・リード（見込み顧客）選定ルールを作った |

事例2：怪しいデータなのに離反が減った大手精密機器メーカー

| ①企業概要 | ・大手精密機器メーカー
・ある医療機器の市場で国内トップシェア
・市場は飽和状態で、他社から既存顧客を奪われないように動くのが営業の主なミッション
・ビッグデータで営業を支援する「ビッグデータ営業情報推進室」（仮称）を新設 |
| ②抱えていた課題 | ・既存顧客の離反：
気づいたときには手遅れで、離反を阻止できていない（競合商材が発売された直後に離反が増加）
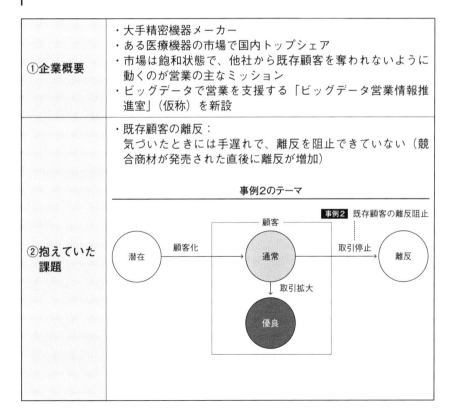 |

1章 データで営業生産性をあげるセールス・アナリティクス 37

③データ状況	**営業関連データ** **CRMのデータ** ・案件登録日 　（日付以外の他の案件登録情報が怪しい） ・受注登録情報（日付や商材、金額など） ・受注までのステータス情報も入力されているが、怪しい
④得られた成果	・CRM データがきれいになった ・CRM データを営業パーソンが怪しまなくなった ・離反率が半減した **セールス・アナリティクスの成果** 離反率　　　　　　　　　半減 改善前　　　　改善後
⑤成功要因	・今あるデータでとりあえず実施した ・データを日々入力するための工夫をした ・リーダーのやる気が高く、人望もあった ・離反顧客の明確な傾向をつかめた

事例3：ばらばらのデータを融合し、客単価をあげた部品専門商社

①企業概要	・部品専門商社 ・商品の種類が多い ・既存顧客の取引額を拡大し、客単価をあげるのが営業パーソンに課せられた主なミッション ・IT 化が進んでおり、いろいろなデータが蓄積されていた ・10数年前にバランススコアカードが導入され、営業・販売促進活動に関する指標もあり、セールス・アナリティクスがある程度実施されていた
②抱えていた課題	・既存顧客の取引額の拡大： 　商品の種類が多く、既存顧客への提案漏れによる機会損失が発生している 　いろいろなデータがあるがうまく活用されていない

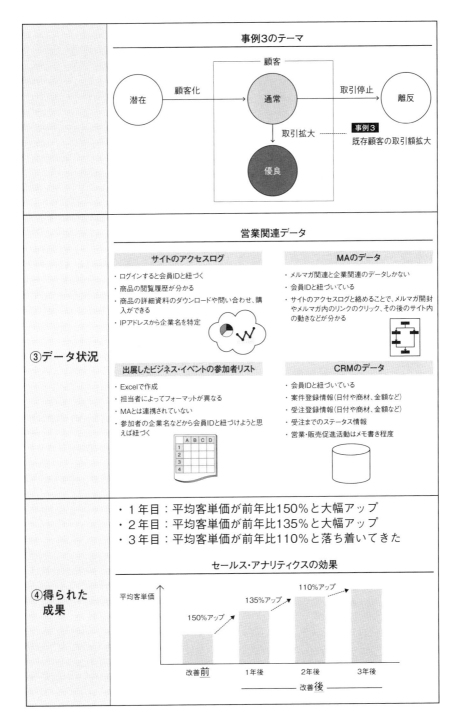

⑤成功要因	・今あるデータでとりあえず実施した ・数理モデルは要望の高いものから順番に構築した ・数理モデルを使うことで提案する商材が増えた ・数理モデルで提案タイミングをつかめた ※この数理モデルとは、予測のための統計モデルとレコメンドのための協調 　フィルタリング

セールス・アナリティクスのある大きな成功要因

　紹介した3社に共通している、セールス・アナリティクスの共通した大きな成功要因があります。それは、新たなデータが溜まるのを待つのではなく、**今あるデータで、限定された組織内（最大10名程度の営業組織）で、まずセールス・アナリティクスの成果を出したこと**です。

　具体的には、まず、少人数で今あるデータだけで、セールス・アナリティクスの成果をすぐ出します。その成果をもとに社内を納得させ、必要なデータを新たに取得し、蓄積するための投資を行ないます。

　そして徐々に、全社展開していくのです。

　実際に、セールス・アナリティクスの成果を目の当たりにすると、新データ取得の投資や協力を得られやすくなります。さらに、他の営業部署のマネジャーがセールス・アナリティクスに興味を持ち、社内波及もしやすくなります。

　要するに、セールス・アナリティクスは、**「小さく始めて大きく波及させる」**とうまくいきやすいのです。

　このようなセールス・アナリティクスを実現する方法を、2章から4章にかけて詳しく説明します。5章で、先ほど紹介した3つの事例について詳しく説明します。

2章

セールス・
アナリティクスの
軸となる
「3つの指標」

1 よい指標は よい「分解」から生まれる

セールス・アナリティクスの出発点となる2つの分解

　セールス・アナリティクスの仕組み全体の良し悪しは、「3種類の指標」(成果指標・ストック指標・フロー指標)の良し悪しに強く影響されます。この3種類の指標が、「数字(データ)を生み出す仕組み」と「数字(データ)を活用する仕組み」の軸になるからです。
　3種類の指標は、以下の2つの分解で設計します。

①成果分解
②プロセス分解

3種類の指標の良し悪しが仕組み全体の良し悪しに影響する

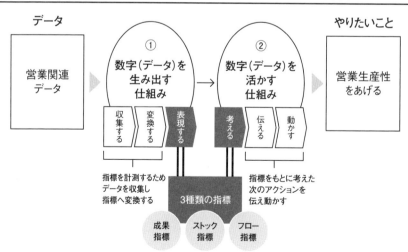

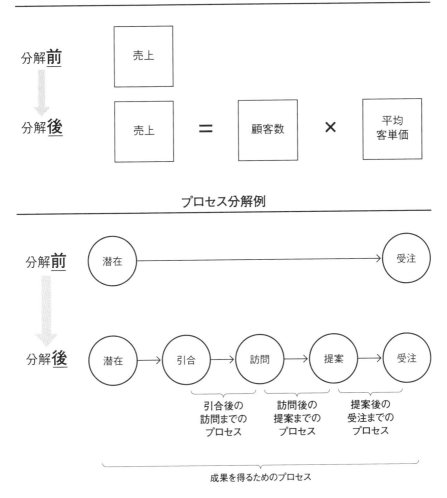

　①の成果分解は、**売上を受注件数や受注金額などに分解**したものです。多くの企業でやっていることでしょう。

　②のプロセス分解は、「**受注という成果を得るためのプロセス**」を定義し**分解**したものです。最近はCRMの普及とともにプロセス分解をする企業も増えています。

2章　セールス・アナリティクスの軸となる「3つの指標」　43

この2つの分解（成果分解・プロセス分解）は非常に重要です。詳しく説明していきます。

成果を「見える化」する「成果分解」

成果分解とは、売上などの収益を、受注時に確定する顧客数や平均客単価、利益率などで因数分解することです。以下の例のように、四則演算（＋－×÷）で表現されます。

・売上＝顧客数×平均客単価
・売上＝新規顧客数×新規顧客の平均客単価＋既存顧客数×既存顧客の平均客単価
・売上＝新規顧客数×新規顧客の平均客単価＋（昨年末顧客数－今年離反顧客数）×既存顧客の平均客単価
・利益＝売上×利益率
・利益＝顧客数×平均客単価－コスト　　　　など

何を「主」（例：売上や利益などの「数式の左側」にくる分解される成果）とし、何を「従」（例：顧客数や利益率などの「数式の右側」にくる分解された成果）とするのかは、会社や営業の現場で何を重視しているのかによって変わってきます。

さらに成果分解は、扱う商材（物販かサービス提供かなど）や地域（国内か海外かなど）などによっても変わってくるため、1つの会社で複数の成果分解が存在することがあります。複数といっても、多くの場合、1部署1成果分解のケースがほとんどです。

そして、**成果分解は時間とともに変化させる**必要があります。

例えば、売上よりも利益を重視しろとは言われますが、市場シェア拡大を狙う時期に投資を控え、利益を重視しすぎると、思うように市場シェアを拡大できないかもしれません。

成果分解の「主」と「従」の例

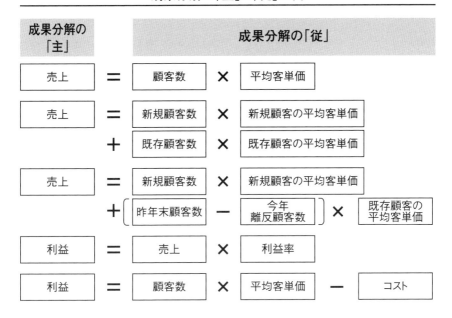

　また、新規顧客よりも既存顧客から収益をあげるほうが低コストで済むと言われますが、市場が拡大している時期に新規顧客獲得をないがしろにしたら、競争に乗り遅れるかもしれません。

　要するに、売上を重視すべき時期なのか、利益を重視すべき時期なのか、新規顧客獲得を重視すべき時期なのか、既存顧客からの収益を拡大する時期なのか、離反を積極的に防止する時期なのか。何を重視する時期なのかは、会社や営業の現場で何を重視したいのかによって変わってきます。そして、時とともに、定期的に見直しをする必要があります。

　そういう意味で、成果分解は簡単そうに見えて、実は慎重に分解していかなければなりません。

受注プロセスを「見える化」する「プロセス分解」

　プロセス分解とは、受注するまでのプロセスを定義し分解したものです。

ステータスとプロセス分解

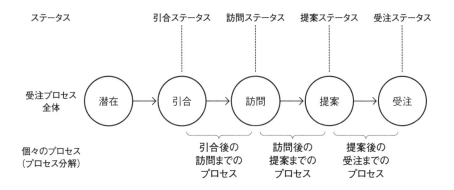

　例えば、受注プロセスを「潜在⇒引合⇒訪問⇒提案⇒受注」と定義したとします。

　この「引合」「訪問」「提案」「受注」は**ステータス**と呼ばれます。「潜在」は、接触可能なリード（見込み顧客）にすらなっていない状態です。

　このステータス間の遷移である「引合⇒訪問」（引合後の訪問までのプロセス）、「訪問⇒提案」（訪問後の提案までのプロセス）、「提案⇒受注」（提案後の受注までのプロセス）が個々のプロセスになります。この個々のプロセスに分解することを、プロセス分解といいます。

　この例から分かるように、**ステータスさえ定義できれば、受注プロセスもプロセス分解もできあがります。**つまり、プロセス分解は、ステータスを定義することと同義です。

　以下は、プロセス分解の流れ（ステータス定義の流れ）です。

Step.1 過去の個々の案件ごとに受注プロセスを洗い出す
Step.2 似た受注プロセスの過去の案件をグループにまとめる
Step.3 グループごとにステータスの候補を洗い出す
Step.4 グループごとにステータス候補を取捨選択しプロセス分解を完成させる
Step.5 グループをできるだけ統合する

具体的に見ていきましょう。

Step.1 過去の個々の案件ごとに受注プロセスを洗い出す

　過去の1つひとつの案件ごとに受注プロセスを洗い出します。しかし、過去のすべての案件で実施するのは現実的でありません。数十件の案件で十分でしょう。

　この段階は生々しさが重要になります。実際に営業活動をした営業パーソンが、受注プロセスを洗い出すのがベストです。

　もしくは、営業パーソンにインタビューしながら進めます。マーケティングや販売促進の部署が絡むときは、その現場担当者と一緒に受注プロセスを洗い出していきましょう。

　現場から離れた営業のエライ人や、現場ではない情報システム部などの管理部門だけで実施することがないように注意します。現実離れした受注プロセスが洗い出され、セールス・アナリティクスがうまく機能しません。

受注プロセスの洗い出し

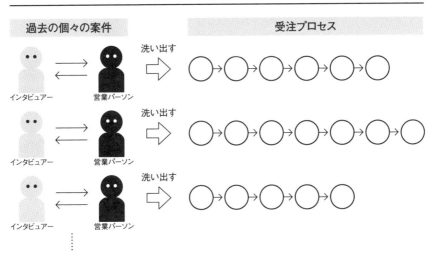

2章　セールス・アナリティクスの軸となる「3つの指標」

過去の案件のグループ分け

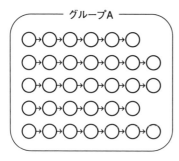
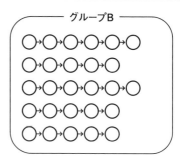

Step.2 似た受注プロセスの過去の案件をグループにまとめる

似ている受注プロセスの案件を、いくつかのグループにまとめていきます。

Step.3 グループごとにステータスの候補を洗い出す

グループ内の共通した受注プロセスを見つけ出し、ステータスの候補を洗い出します。

ステータス候補を洗い出すとき、最初は大雑把に捉え、徐々に細かく捉えていきます。

例えば、某ツールベンダーのケースです。

ステータスの候補の洗い出し

グループA → 洗い出す → 潜在 → 引合 → 訪問 → 提案 → 見積提示 → 口頭内示 → 受注

グループB → 洗い出す → 潜在 → 引合 → 訪問 → 提案 → 受注

ステータスは最初は大雑把に捉え、徐々に細かくしていく

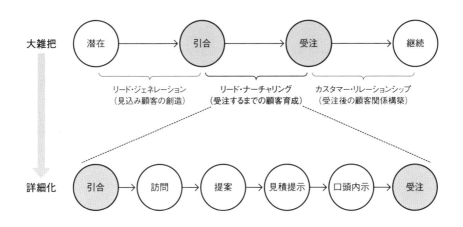

　最初、「潜在」「引合」「受注」「継続」の4つのステータスの候補を洗い出しました。

　そのステータスに沿って、「潜在⇒引合」のステータス遷移を「リード・ジェネレーション」（見込み顧客の創造）、「引合⇒受注」のステータス遷移を「リード・ナーチャリング」（受注するまでの顧客育成）、「受注⇒継続」以降を「カスタマー・リレーションシップ」（受注後の顧客関係構築）と大雑把に3つのプロセスに分解しました。

　その後、リード・ナーチャリングのステータスとして「引合」「訪問」「提案」「見積提示」「口頭内示」「受注」を洗い出しました。

Step.4 グループごとにステータス候補を取捨選択しプロセス分解を完成させる

　Step.3 で洗い出したステータスの取捨選択を、以下の2つの視点で行ないます。

①ステータス間の遷移をコントロールできるか

　これは、「営業・販売促進活動で、『訪問⇒興味』などのステータス間の遷移を促せるか」ということです。

　遷移を促せない場合、セールス・アナリティクスではどうしようもないの

で、遷移先のステータス（例：「訪問⇒興味」であれば「興味」ステータス）を候補から除外します。

②ステータスの量（例：件数や金額など）を計測できるか

　これは、「『訪問』や『興味』などのステータスの量を計測できるか」ということです。

　計測できないステータスを使って、セールス・アナリティクスをすることはできないので、候補から除外します。

　簡単な例で説明します。

　新規受注までのプロセスを「潜在⇒引合⇒訪問⇒興味⇒情報収集⇒提案⇒見積提示⇒比較検討⇒口頭内示⇒受注」とします。

　このとき、「提案⇒見積提示」というプロセスを営業・販売促進活動で促せる余地があり、さらに「提案」と「見積提示」の量を計測できるのであれば、ステータスとして採用します。

　では、「訪問⇒興味」はどうでしょうか。訪問後にリード（見込み顧客）に強い興味を持たせるための営業・販売促進活動があり、さらに「興味」を

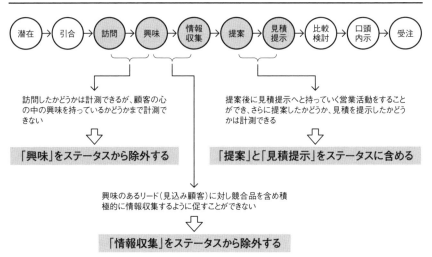

ステータスとして採用するかどうかの検討例

持ったリード（見込み顧客）の件数を計測できるのであれば、ステータスとして採用します。もし難しいようであれば、「興味」はステータス候補から除外します。

このように、ステータスとして採用するかどうかを検討していきます。

Step.5 グループをできるだけ統合する

グループの数がそれほど多くならないように、できる限り統合していきます。グループ数が多いとセールス・アナリティクスを運用するとき煩雑になるからです。グループ数が1つだけという企業も少なくありません。

例えば、「潜在⇒引合⇒訪問⇒提案⇒見積提示⇒口頭内示⇒受注」というグループAと、「潜在⇒引合⇒訪問⇒提案⇒受注」というグループBがあったとします。

もし、グループAの受注プロセスの指標でグループBの受注プロセスの指標を計測できるのであれば、グループAにグループBを含めてしまいます。

これでステータスが定義され、受注プロセスとプロセス分解が完成しました。

グループの統合例

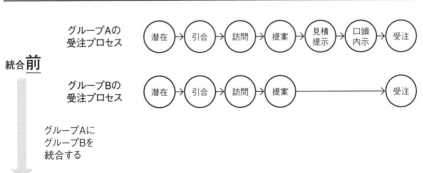

2 分解したら「3つの指標」を設計する

セールス・アナリティクスの3つの指標

成果分解とプロセス分解が完成したら、次に「3種類の指標」（成果指標・ストック指標・フロー指標）を設計します。

①成果指標……成果分解をもとに設計
②ストック指標……プロセス分解をもとに設計
③フロー指標……プロセス分解をもとに設計

①の「**成果指標**」は、成果分解した売上や顧客数、平均客単価などをそのまま使います。すでに定量的な数字で表現されているからです。

成果指標の中で最も重要なものとして、**KGI**（重要目標達成指標）もしくは**目標KPI**（重要業績評価指標）があります。

成果指標の例

成果分解 売上 ＝ 顧客数 × 平均客単価

すでに定量的な数字で表現されているためそのまま指標として使う

受注件数を増やせば成果指標の数字はあがる
・新規顧客の受注を増やすと顧客数が増える
・クロスセルやアップセルなどの受注を増やすことで平均客単価が増える

成果指標の数字の値をあげるためには、何をすればよいのでしょうか。
　それは、受注件数を増やしていくことです。例えば、新規顧客の受注を増やすと顧客数が増え、クロスセルやアップセルなどの受注を増やすことで取引額が拡大し、平均客単価が増えます。

　この受注を獲得するための途中プロセスが②の**「ストック指標」**で、その遷移が③の**「フロー指標」**です。
　簡単な例で説明します。
　受注プロセスを「潜在⇒引合⇒訪問⇒提案⇒受注」のように定義したとします。このとき、「引合」「訪問」「提案」「受注」などのステータスの量（例：件数や金額など）を計測し、指標化したのが「ストック指標」です。
　プロセス分解した「引合⇒訪問」、「訪問⇒提案」、「提案⇒受注」などのステータス間の遷移状況を表わしたものが「フロー指標」になります。
　「引合⇒訪問」の遷移であれば「（引合後）訪問率」というフロー指標、「訪問⇒提案」の遷移であれば「（訪問後）提案率」というフロー指標、「提案⇒受注」の遷移であれば「（提案後）受注率」というフロー指標になります。

ストック指標とフロー指標の例

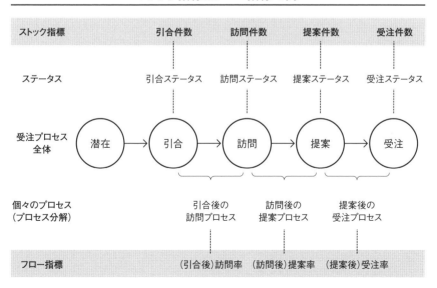

2章　セールス・アナリティクスの軸となる「3つの指標」

多くの場合、ストック指標は「件数」や「金額」などで表現されるのに対し、フロー指標は「○○率（もしくは○○レート）」で表現されます。

フロー指標はアクショナブル

3種類の指標の中で肝になるのが、フロー指標です。なぜならば、フロー指標は営業・販売促進活動といったアクションと直結しているためです。つまり、「**アクショナブルな指標**」だからです。

このようなアクショナブルな指標の中で最も重要なものが、KPIです。

多くの人は、成果指標やストック指標に目がいきがちです。確かに、売上はいくらで、何件受注したのかといった成果指標や、口頭内示をいただいているのは何件で、これから訪問すべきリード（見込み顧客）は何件あるのかといったストック指標は、非常に気になるところです。

しかし、どのプロセスに問題があるのかを知るには、フロー指標が重要になってきます。なぜならば、**営業・販売促進活動の良し悪しがフロー指標に表われる**からです。

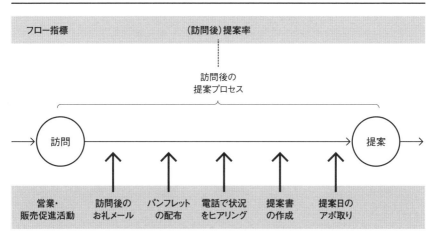

フロー指標と営業・販売促進活動の関係の例

簡単な例で説明します。

受注プロセスを「潜在⇒引合⇒訪問⇒提案⇒受注」とします。

今、成果指標である「受注件数」を見たら、昨年に比べ半減したことが分かりました。

営業のエライ人から「取りこぼしがないようにクロージングで頑張れ！」と激励され、さらに外部講師を呼んで「絶対決める！　クロージングテクニック講座」という社内研修を開催するよう指示されました。クロージングなので「提案⇒受注」プロセスの営業・販売促進活動になります。

しかし、半減の仕方はいろいろです。例えば、引合件数が変化しないと考えたとき、以下の3パターンがあります。

パターン1「（訪問後）提案率」が半減することで、受注件数が半減
パターン2「（提案後）受注率」が半減することで、受注件数が半減
パターン3「（訪問後）提案率」と「（提案後）受注率」が約3割ずつ減少することで、受注件数が半減

悪化の仕方にもいろいろある

受注プロセス		潜在 → 引合 → 訪問 → 提案 → 受注				
			(引合後)訪問率	(訪問後)提案率	(提案後)受注率	
昨年		引合100件 ×	100% ×	80% ×	80%	= 64件受注
今年		引合100件 ×	? ×	? ×	?	= 32件受注
考えられるパターン	パターン1	引合100件 ×	100% ×	**40%** ×	80%	= 32件受注
	パターン2	引合100件 ×	100% ×	80% ×	**40%**	= 32件受注
	パターン3	引合100件 ×	100% ×	**56%** ×	**56%**	= 32件受注

2章　セールス・アナリティクスの軸となる「3つの指標」　55

調べると、「（訪問後）提案率」が半減したため、受注件数が半減したことが分かりました。つまり、クロージングのプロセスである「提案⇒受注」ではなく、「訪問⇒提案」の営業・販売促進活動に問題があったことになります。

したがって、「提案⇒受注」の営業・販売促進活動を強化するのは的外れです。

この例のように、フロー指標を見ることで、どの受注プロセスの営業・販売促進活動に問題がありそうなのかが分かります。そうしないと、「もっともらしい的外れな対策」を打ってしまう恐れがあります。

よい指標の５つの条件

ビジネスで使う指標に求められる「５つの条件」があります。「SMART」と呼ばれるものです。

① Specific：具体的なアクションとの結びつきが明確である
② Measurable：測定可能で定量的に数字で表現される
③ Achievable：達成可能な目標値が定められている
④ Relevant：売上や顧客数、客単価などの成果と関連している
⑤ Time：目標達成までの期限が決められている

セールス・アナリティクスの３種類の指標は、このSMARTの条件を満たしています。

まず、セールス・アナリティクスで目標値と期限は当然決めるので、「③ Achievable」と「⑤ Time」は満たされます。目標値と期限の決め方は４章で説明します。

成果分解とプロセス分解をベースに指標を設計すれば、「④ Relevant」は自ずと満たされます。売上や顧客数、客単価などの成果をもとに指標を作っているからです。

さらに、すべて定量的な数字で表現しているので、「② Measurable」も満たします。

ビジネスで使う指標に求められる5つの条件「SMART」

	条件名	条件の内容	セールス・アナリティクスの「3種類の指標」の場合
①	Specific	具体的なアクションとの結びつきが明確である	フロー指標が営業・販売促進活動と結びついているので、この条件は満たされる
②	Measurable	測定可能で定量的に数字で表現される	すべて定量的な数字で表現するので、この条件は満たされる
③	Achievable	達成可能な目標値が定められている	目標値が設定されるので、この条件は満たされる
④	Relevant	売上や顧客数、客単価などの成果と関連している	成果分解とプロセス分解をもとに指標設計されるので、この条件は満たされる
⑤	Time	目標達成までの期限が決められている	期限が設定されるので、この条件は満たされる

　プロセス分解をもとに設計した「フロー指標」は、具体的なアクションである営業・販売促進活動と結びついているので、「① Specific」の条件を満たします。

　セールス・アナリティクスに限らず、データ分析をビジネス活用するときには、利用する指標がSMART を満たしているのか、必ずチェックするとよいでしょう。

2章　セールス・アナリティクスの軸となる「3つの指標」　57

3 指標化するといろいろな「見通し」がよくなる

分解し指標化すると問題の「見通し」がよくなる

　営業生産性の問題は、分解すればするほど問題の見通しがよくなります。1章では、営業生産性をさらに「営業効率」と「営業稼働率」に分解し、営業生産性マップ（横軸：営業稼働率、縦軸：営業効率）で表現することで、問題の見通しを少しよくしました。

　セールス・アナリティクスでは、営業効率をさらに「成果分解」と「プロセス分解」の2つの分解をします。このことで、**営業効率が悪化した原因が、営業・販売促進活動レベルまで深掘りされます**。

営業効率と営業稼働率に分解すると問題の見通しがよくなる

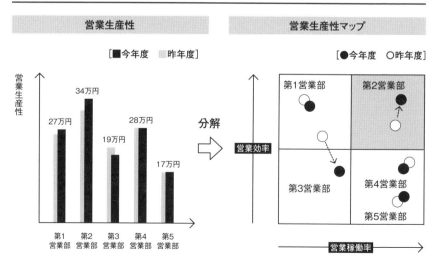

成果分解をもとに設計した成果指標で問題の見通しがよくなる

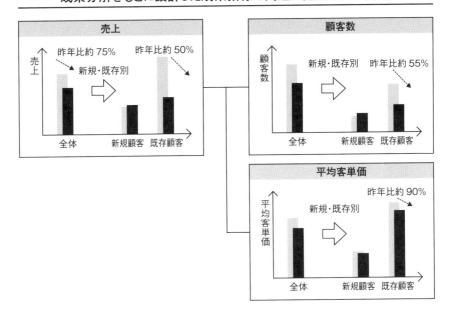

　例えば、1章の例では、第3営業部は営業生産性が落ちていました。営業生産性マップを見ると、営業効率が悪化していることが分かります。

　まず、成果指標を見てみます。

　昨年に比べ、売上が約75％しか達成されていません。新規・既存別で見てみると、新規顧客はほぼ横ばいですが、既存顧客がほぼ半減。

　顧客数は、昨年に比べ、新規顧客はほぼ横ばいですが、既存顧客数が約55％に減少。

　平均客単価は、昨年に比べ、新規顧客はほぼ横ばいですが、既存顧客が約90％に減少。

　成果指標から、売上減少の理由は、既存顧客の離反による影響が大きいことが分かります。

　さらに、ストック指標とフロー指標を見てみたら、次のようなことが分かりました。

　新規顧客の場合、リード（見込み顧客）件数と訪問率は増加していますが、

（訪問後）提案率が低下しています。

　既存顧客の場合、年6回以上訪問した顧客数が減少し、他商材の受注率の低下と離反率の増加が起こっています。

　この例では、一体何が起こっていたのでしょうか？

　まず、新規顧客を増やすために、イベントに積極的に出展し、リード（見込み顧客）件数を増やしました。しかし、リード（見込み顧客）件数が多すぎて対応しきれず、訪問ステータス止まりのリード（見込み顧客）が増えてしまいました。そのため、（訪問後）提案率が低下していたのです。

　一方で、リード（見込み顧客）対応に時間を取られ、既存顧客対応が疎かになり、アップセルやクロスセルの機会を逃しただけでなく、既存顧客を競合に奪われてしまいました。

　そのため、他商材の受注率が低下し、離反率が増加したのです。

　このように、分解し指標化することで、**問題の見通しがよくなります**。今までどうだったのか、今どうなっているのかが見えてきます。疑いようもない数字でストレートに表現されます。

　できれば、このような問題が起こる前に察知しておきたいものです。セールス・アナリティクスなら、事前に察知し回避することができます。未来を見通すために、指標を予測するからです。つまり、過去に起こった問題の見通しをよくするだけでなく、未来の見通しもよくする、ということです。

未来の「見通し」をよくするセールス・アナリティクス

　セールス・アナリティクスは、「今までどうだったのか」だけではなく、「これからどうすべきなのか」という未来について考え動くのに役立ちます。10年後、100年後の遠い未来の話ではなく、直近の未来です。

　セールス・アナリティクスで知りたい未来とは、例えば以下の2つです。

①その顧客は儲かるのか？
②どの営業・販売促進活動をするべきか？

①の「その顧客は儲かるのか？」を知るためには、**受注率や受注金額、受注時期**などを予測します。

例えば、その予測値をもとに、受注しやすい高収益なリード（見込み顧客）を選択し、営業リソースを集中することができます。

②の「どの営業・販売促進活動をするべきか？」を知るためには、**営業・販売促進活動の「効果の大きさ」**を予測します。

効果の大きさとは、何もやらないときと営業・販売促進活動をやったときの成果指標やストック指標の差です。

例えば、パンフレットの配布によって、フロー指標である「（訪問後）提案率」が50％から80％に変化することで、その結果、ストック指標である「提案件数」が40件から64件に増え、最終的に成果指標である「受注件数」が20件から32件になったとします。

このとき、パンフレットの配布という営業・販売促進活動の効果の大きさは、受注件数12件となります。

営業・販売促進活動の効果の大きさ

2章　セールス・アナリティクスの軸となる「3つの指標」　61

フロー指標を変化させると成果指標も変化する

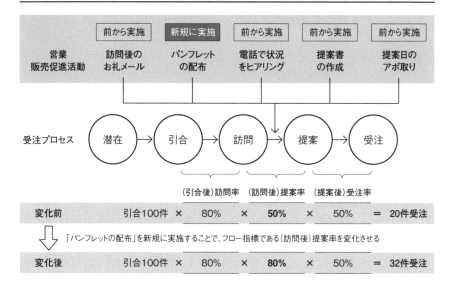

このように、営業・販売促進活動の「効果の大きさ」を予測するときには、どの程度フロー指標が変化し、その結果どの程度ストック指標が変化し、最終的にどの程度成果指標が変化するのかを、シミュレーションすることになります。

集めるべきデータの「見通し」がよくなる

3種類の指標を定義することで、**「収集すべき理想のデータ」**が見えてきます。しかし、「収集すべき理想のデータ」が揃っている企業は稀です。少なくとも、私はこのような企業は見たことがありません。

「収集すべき理想のデータ」と「今あるデータ」から、「今すぐ使えるデータ」と「これから集めるべきデータ」が洗い出されます。

「今すぐ使えるデータ」と「これから集めるべきデータ」を洗い出す

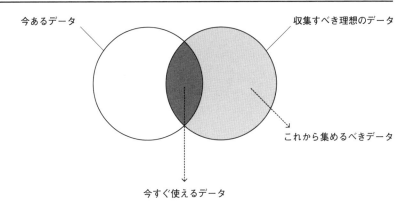

「これから集めるべきデータ」が分かっても、すぐに集めることはできません。データを集める準備を整えなければならないからです。それなりの時間が必要になります。

そもそも、「収集すべき理想のデータ」をコスト面からすぐに集めることができないことや、よく考えてみたら物理的に集めることが困難なこともあります。

そこで、「今あるデータ」と「収集すべき理想のデータ」の重なりである「今すぐ使えるデータ」を、データ整備状況に応じて時系列に考えておく必要があります。

データの整備状況は時系列で捉える

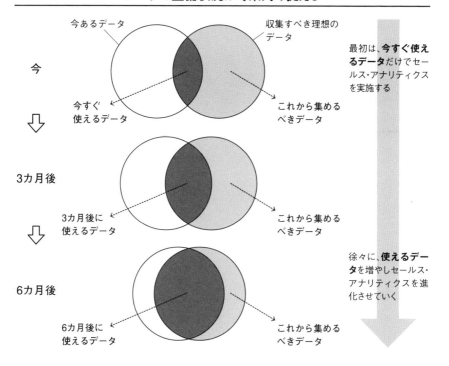

　例えば、「今あるデータ」と「収集すべき理想のデータ」の重なり、「3カ月後のデータ」と「収集すべき理想のデータ」の重なり、「6カ月後のデータ」と「収集すべき理想のデータ」の重なり、と時系列に作ります。
「収集すべき理想のデータ」がすべて揃うのを待っていては、いつまでたってもセールス・アナリティクスを実践することはできません。
　そのため、セールス・アナリティクスは、「今すぐ使えるデータ」だけで始めます。そして、新しく取得したデータ整備状況とともにセールス・アナリティクスを進化させていきます。
「今すぐ使えるデータ」で実施するセールス・アナリティクス、「3カ月後に使えるデータ」で実施するセールス・アナリティクス、「6カ月後に使えるデータ」で実施するセールス・アナリティクス。このように、徐々に進化させていくのです。

3 章

集めたデータから
重要な数字を生み出す
「データの３つの技術」

1 データを収集する技術

データを収集する技術とは？

「数字（データ）を生み出す仕組み」とは、**データを集め、変換し、分かりやすく表現することで「見える化」する仕組み**です。それを実現するのが「データの3つの技術」です。

それには、まず営業関連データ（例：CRMデータや営業日報、サイトのアクセスログなど）を集め、揃えなければなりません。そのための技術が、「データの3つの技術」の1つである「データを収集する技術」です。

例えば、サイトのアクセスログは、サイトへのタグの埋め込みや実装でミスをしなければ、ほぼ自動でデータ収集されます。しかし、CRMなどの人

データを収集する技術

データ				やりたいこと
営業関連データ	① 数字(データ)を生み出す仕組み	② 数字(データ)を活かす仕組み		営業生産性をあげる

①-1	①-2	①-3
収集する	変換する	表現する
データを収集する技術	データを変換する技術	データを表現する技術
CRMなどのデータを収集する（データをきれいな状態にすることも含む）	収集したデータを加工・集計・分析することで意味のある情報に変換する	その情報を報告書やレポート、ダッシュボードなどを使って表現し、見える化する

の手でデータ入力する営業関連データは、ほぼ「汚いデータ」です。

　汚いデータというのは、記録する人によってデータの「正確さ」や「粒度」が異なり、酷い場合には記録さえ残っていないデータです。

　さらに、同じ人がデータを入力しても、気分（例：うれしい、悔しいなど）や時期（例：繁忙期、閑散期など）によってデータの「正確さ」や「粒度」が異なることがあります。

データの「正確さ」とは、入力されたデータがどれだけ「真に近いか」ということです。

　例えば、「2016年12月20日」に訪問したのに、「2016年12月21日」や「2017年1月5日」と入力されたらどちらも正確ではありません。どちらも正確ではありませんが、「2016年12月21日」のほうがまだ正確な日付に近い。

　この場合、「2016年12月21日」のほうが「2017年1月5日」よりも「正確さ」が高いといいます。

データの「粒度」とは、データの内容の細かさです。

　例えば、顧客訪問したときの営業日報に、「訪問先」「日付」「概要」しか記載しないより、「訪問先（社名）」「場所」「日時（yyyy/mm/dd/hh/mm）」「訪問目的」「出席者」「内容」「決まったこと」「ToDo（宿題）」「ネクスト・ステップ」まで記載したほうが内容は細かくなります。

データの「正確さ」

3章　集めたデータから重要な数字を生み出す「データの3つの技術」　67

データの「粒度」

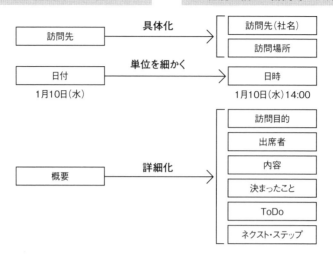

　このような「正確さ」と「粒度」の問題を抱えた汚いデータでも、どうにかして成果を出すのがセールス・アナリティクスです。

　きれいなデータが溜まるのを待っていては、いつまでたっても何もできません。そのためには、「汚いデータ」をある程度「きれいなデータ」にして使う必要が出てきます。

　データを収集する技術とは、**単にデータを集めるだけではなく、分析できる状態になるまで、汚いデータをある程度きれいにする技術**でもあるのです。

　どのようなデータを集めればよいのかは、2章で話しました。3種類の指標（成果指標・ストック指標・フロー指標）を計測するためのデータを中心に集めればよいです。具体的には、76ページの「フォーマット化」で紹介しているようなデータです。

　ここでは、集めた汚いデータをいかにきれいなデータにするのか、そもそも常にきれいなデータを溜めるにはどうすればよいのかを話します。

そのためによく実施するのが、以下の３つです。

①データをよみがえらせるデータ・ネクロマンシー
②データを日々入力してもらう仕掛け
③正しいデータを蓄積する取り組み

①の「データ・ネクロマンシー」とは、データが汚くて分析できない状態（死んだデータ）のものを、分析できる状態にまで回復させるデータ蘇生作業です。

CRMなどの人が手入力して記録したデータを分析する場合、過去のデータに対し、データ・ネクロマンシー作業が少なくとも１回（多くの場合はセールス・アナリティクスを始める準備段階）は必要になります。

分析を強く意識せず溜めたCRMなどのデータは、そのままでは汚くて使えません。そもそも、営業パーソンはその分析結果を信用してくれません。CRMなどのデータが汚いことを一番知っているのは、データ入力している営業パーソン自身だからです。

②の「データを日々入力してもらう仕掛け」とは、営業パーソンにまめにCRMなどへデータ入力してもらう仕掛けのことです。

汚いデータの中でも、データの欠測（データが入力されていない状態）は厄介です。痕跡がほとんどないからです。データ・ネクロマンシーで、データの欠測もある程度復活できますが、完全ではありません。

後ほど説明しますが、データ・ネクロマンシーは営業パーソンの記憶にかなり依存するため、痕跡すらないデータを復活させるのはハードルが高いです。そのためにも、ある程度汚いデータでも入力されているほうがましです。そのためにも、日々データを入力してもらう必要があります。

③の「正しいデータを蓄積する取り組み」とは、企業名称や人名などを正しく入力してもらう取り組みです。

営業の組織が大きくなり営業パーソンが増えると、企業名称すらばらばら

3章　集めたデータから重要な数字を生み出す「データの３つの技術」　69

に入力されるようになります。

　例えば、正確な名称（例：ソフトバンク・テクノロジー株式会社）で入力する人、アルファベットの略語（例：SBT）で入力する人、「株式会社」を「（株）」と略称（例：ソフトバンク・テクノロジー（株））で入力する人、企業名称の一部が間違った状態（例：（株）SBテクノロジーズ）で入力する人などさまざまです。

　人が見て確かめれば、同じ企業だと分かります。しかし、システム上は別の企業と認識されてしまいます。

　最低限、社名や人名が正しい状態で蓄積され、メンテナンスされている必要があります。

　以上の３つのこと（①データをよみがえらせるデータ・ネクロマンシー、②データを日々入力してもらう仕掛け、③正しいデータを蓄積する取り組み）について説明していきます。

データをよみがえらせるデータ・ネクロマンシー

　私が知る限り、CRMなどに入力されるデータは実にいい加減なものが多いです。

　例えば、入力されているデータが案件登録情報と受注登録情報だけしかないケース。おそらく、データ入力が面倒になったのでしょう。

　日付の入力がいい加減で、案件登録日と受注登録日がほぼ同じケース。おそらく、受注間近になって急に案件登録されたのでしょう。

　登録された案件規模（予定売上など）が「１円」と、ありえない数字が入力されているケース。おそらく、案件規模が分からなくて、最初「１円」ととりあえず入力したまま、受注するまで変更されずに「１円」という入力だけが残ってしまったのでしょう。

　このようなデータをもとに指標を作ったり分析したりするのは、勇気がいります。データが真実からかけ離れているからです。

70

データ・ネクロマンシー

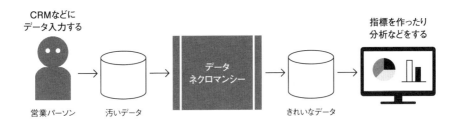

　では、どうすればよいのでしょうか。
　データ・ネクロマンシーをすることで、セールス・アナリティクスで使える状態にまでデータをよみがえらせます。データ・ネクロマンシーは、データがあろうがなかろうが関係なく、データをよみがえらせます。
　データ・ネクロマンシーのデータ蘇生方法は単純です。営業パーソンへのヒアリングです。そのため、営業パーソンの記憶にかなり依存します。
　ヒアリングは、同じ営業部の営業パーソン同士で実施しても構いません。ヒアリングせず、営業パーソン自身で行なうこともできます。

　データ・ネクロマンシーをするときは、Microsoft Outlookやサイボウズなどのスケジューラーや営業パーソンの手帳、議事録、メールのやり取りなどを手がかりに、ヒアリングをしてデータを作っていきます。

　ヒアリングは、あらかじめ作ったデータ・フォーマットで実施します。できれば、データ項目は少なく分かりやすいものがよいでしょう。欲張ってデータ項目を増やさないように気をつけます。営業パーソンが1人でできるくらいが目安です。
　例えばデータ項目は、「ステータスの変更履歴」と「顧客行動」（例：イベントに参加した、問い合わせをしたなど）、「実施した営業・販売促進活動」くらいでよいでしょう。

ヒアリングでデータ・ネクロマンシーをする

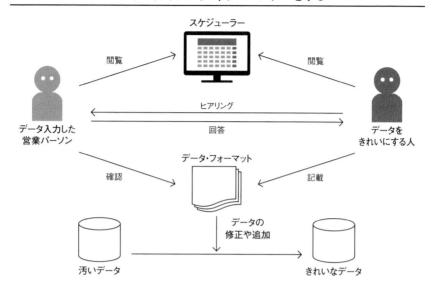

データ・ネクロマンシーで使うデータ・フォーマット例

日付	顧客A			顧客B			……
	ステータス変更	顧客行動	営業・販売促進活動	ステータス変更	顧客行動	営業・販売促進活動	
2016/4/11（月）				提案ステータス			
2016/4/12（火）	訪問ステータス					見積送付	
2016/4/13（水）			訪問のお礼メール送付				
2016/4/14（木）				受注ステータス		注文書送付	

　また、どうしても分からないものは飛ばします。例えば、担当した営業パーソンが退職してどうしようもないものは、無理してデータ・ネクロマンシーをせず、分析で使うデータから除外します。

　データ・ネクロマンシーの作業はそれほど難しくはありません。多くの場

合、スケジューラーを見ながらヒアリングし、フォーマットに記載するだけで十分です。どうしても不明な箇所は、メールのやり取りの履歴を見て補っていく感じです。

このように、データ・ネクロマンシーは淡々と事実を拾っていく作業です。難しくはないのですが、記憶をたどる作業のため、ある程度の集中力が必要になります。できれば、まとまった時間を作り実施したほうがよいでしょう。

そして、一度データ・ネクロマンシーの作業をすると、日々どのようなデータを何のために入力すればよいのかを、営業パーソンが身をもって体験します。

入力漏れやデータが明らかにおかしいとき、そのことを営業パーソンへ連絡すると、営業パーソン自らデータ・ネクロマンシーできれいにできるようになります。

データを日々入力してもらう仕掛け

いつもデータ・ネクロマンシーに頼るには限界がありますが、きれいなデータを日々入力すれば、データ・ネクロマンシーをしないで済みます。

そのためのいくつかの仕掛けがあります。よく使う仕掛けが、以下の3つです。

① 「見られない」から「見られている」に変える
② 「管理」から「便利」に変える
③ 「いろいろ見る」を「1つだけ見る」に変える

①の「『見られない』から『見られている』に変える」仕掛けとは、常にチェックされている感覚を持たせるということです。

例えば、「どうせエライ人は受注したかどうかしか見ないだろ」と思ったら、CRMに入力されるデータは受注登録以外はいい加減になります。

常に「見られている」という感覚を営業パーソンに持たせるために、エラ

3章　集めたデータから重要な数字を生み出す「データの3つの技術」　73

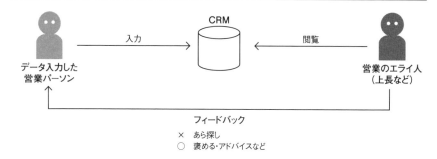

イ人はCRMデータをもとに何かしらのフィードバックをします。

　そのとき、「あら探し」をしてはいけません。いいところは「褒め」、そうでないときは参考になりそうな「アドバイス」や「やる気を起こさせるような言葉」をかけてあげるといった感じです。

「あら探し」を始めると、現場の営業パーソンは「管理されている」という感覚が強くなり、あら探しされない程度に CRM などへデータ入力するようになります。

　②の**「『管理』から『便利』に変える」仕掛け**とは、CRM などへのデータ入力が「管理されている」という感覚ではなく、営業パーソンにとって「すごく便利だ」という感覚を持ってもらうことです。

　例えば、客先に訪問した後に「実施したこと」（過去）だけを入力するのではなく、ネクスト・アクション（例：提案書作成、見積提示など）や ToDo（例：やることリスト）といった「未来に実施すべきこと」も入力するようにします。

「次にやるべきこと」（ネクスト・アクションや ToDo など）が CRM などに記録されていれば、常に CRM などへ見に行くようになります。

　上長や同僚などに共有されているプレッシャーはありますが、前向きなフィードバックやサポートが得られれば、「すごく便利だ」という感覚が大きくなることでしょう。

CRMなどに「次にやるべきこと」を記入する

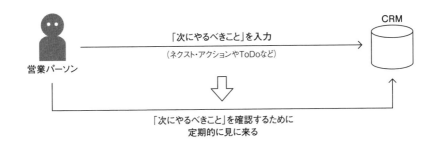

　③の「『いろいろ見る』を『1つだけ見る』に変える」仕掛けとは、指標や分析結果などをパワーポイントやExcel、BIツールなどいろいろなツールやシステムで見るのをやめ、1つに絞るということです。

　例えば、基本BIツールだけでしか指標や分析結果などを見ないようにします。よく見かけるのが、営業課内の進捗定例会議ではExcelで作った一覧表を見る。役員向けの営業報告ではパワーポイントで作った美しいレポートを見る。管理部門はBIツールで見る。何か問題が起こったときにCRMのデータを直接見に行く、といったケースです。

　CRMのデータを、Excelやパワーポイントに転記するのは手間なことです。

いろいろなツールやシステムで見るのをやめ、1つに絞る

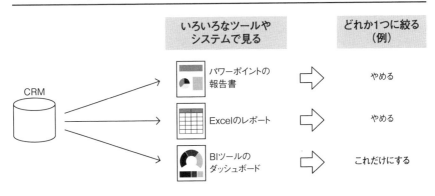

3章　集めたデータから重要な数字を生み出す「データの3つの技術」

中には転記ではなく、CRMへのデータ入力とExcelの一覧表作成をばらばらに実施し、データの整合性がとれていない企業もありました。例えば、最新で正確な情報は、現場の営業パーソンが作ったExcelで作った一覧表で、CRMに最新の情報が反映されていなかったのです。

データソースは1つで十分です。ExcelとCRMに情報を分散させる必要はありません。

内部向けのパワーポイントの資料作りを一所懸命しても、CRMのデータをExcelなどに転記しても、データを分散させても、受注確度はあがりません。その時間を営業本来の活動に充てたほうがよいでしょう。入力の手間を極力減らさないと、データ入力が嫌なものになってしまいます。

正しいデータを蓄積する取り組み

日々データ入力するようになっただけでも、ものすごい進歩です。できれば、入力されたデータがきれいであるとうれしい。

そのためによくやる取り組みが、いくつかあります。以下の3つです。

①フォーマット化
②実態整合性
③部署化

①の「フォーマット化」とは、文字通り、入力データのフォーマットを定義し、データの粒度をできるだけ揃えることです。

入力データには、例えば以下があります。

(a)3種類の指標を計算するのに必要なデータ
(b)営業・販売促進活動
(c)顧客行動（例：イベントに参加した、問い合わせしたなど）
(d)企業属性（例：業種や企業規模など）　など

「(a)3種類の指標を計算するのに必要なデータ」や「(b)営業・販売促進活動」などは、2章で話した成果分解やプロセス分解をベースに定義し、その定義したものしか入力できないようにします。いわゆるフォーマット化です。

このとき、「(a)3種類の指標を計算するのに必要なデータ」や「(b)営業・販売促進活動」が実態と合っていないと、営業パーソンはデータ入力するときに混乱します。フォーマット化の限界です。

営業日報などは、比較的自由に記述する余地が必要ですが、ある程度記述する項目は揃えておきましょう。

②の**「実態整合性」**とは、①の「フォーマット化」したものが「営業の実態と合っている」ということです。

現場無視で「(a)3種類の指標を計算するのに必要なデータ」や「(b)営業・販売促進活動」などを定義すると、現場の営業パーソンはデータ入力時に、何を入力していいか分からず混乱します。

CRMなどのシステムを作るとき、経営層や営業上層部のエライ人、情報システム部などが絡んでいるのに、ユーザーである現場の営業パーソンがあまり絡んでいないという話はよくあります。エライ人の意見をいくら反映しても、現場の意見を反映したことにならないので注意しましょう。

データ入力者の意見を反映せず構築したシステムは、CRMに限らず、データを入力する者にとってはストレスになるだけです。何を入力すればよいのか分からず、混乱するからです。

そして、おそらく入力されるデータは、いい加減なものになります。

2章で話した成果分解とプロセス分解を、現場の営業パーソンを交えて実施すれば、このような「実態整合性」の問題は、ほぼ起こらないでしょう。

問題が起こるとすれば、賞味期限の問題です。成果分解とプロセス分解を定期的に再検討し、ステータスや営業・販売促進活動の鮮度を保ちましょう。

とくに、営業・販売促進活動は時代とともに変化していきます。例えば、ネット広告やデジタルサイネージなど新しい広告媒体の存在感が増したり、新聞広告の影響が徐々に小さくなったりと、徐々に変化しています。

3章　集めたデータから重要な数字を生み出す「データの3つの技術」　77

データをきれいに保つ部署があるのが理想

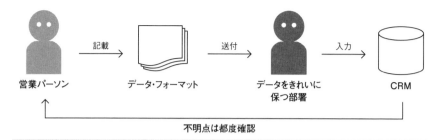

データをつなげるときのキーとなる企業名や
人名などの新規登録時だけでも実施するとよい

③の「**部署化**」とは、データをきれいにする部署を作るということです。

最低限、企業名や人名などの新規登録時にはチェックをし、間違えがあれば修正する体制を作りましょう。

企業名や人名などは、データをつなげるときのキーになるため非常に重要です。ここが間違っていると、データをきれいにするとき、名寄せ作業などの地味で大変な作業を延々とすることになります。

あまりデータ分析されたことのないCRMデータの多くは、最初に名寄せ作業が大量発生するケースが非常に多いです。

新規登録時にチェックする体制は、社内で作る必要はありません。社外にアウトソースをしてもよいでしょう。

集めただけでは何も起こらない

よく「『見える化』するためにデータを集めましょう！」と言います。しかし、当たり前ですが、データは集めて「見える化」しただけでは何も起こりません。そして、このようなデータの多くはうまく活用できず、ただ溜まる一方です。

なぜでしょうか。

「**見える化**」**というキャッチフレーズの掛け声だけあって、データ活用のイ**

メージを持たずに集めたからです。

　いざ活用しようと思っても、どのようにデータを活用すればよいのかが見当がつかないことでしょう。
　そのためには、**逆算アプローチ**が有効です。
　収益から逆算し、実施すべきアクションや見るべき分析結果（指標など）、分析方法、集めるべきデータなどを洗い出していきます。

　では、セールス・アナリティクスの場合はどうでしょうか。
　幸いにも、3種類の指標（成果指標・ストック指標・フロー指標）から集めるべきデータを洗い出せば十分です。
　なぜならば、ここで紹介しているセールス・アナリティクスの仕組みは、多くの企業で実施した逆算アプローチの結果をまとめたものだからです。
　もちろん、逆算アプローチを一から実施してもよいでしょう。データ分析活用のための逆算アプローチの方法は、拙著『ロジカルデータ分析』（日経BP社、2015年）で詳細に説明しています。

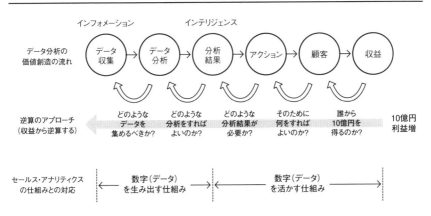

逆算のアプローチ

3章　集めたデータから重要な数字を生み出す「データの3つの技術」

2 データを変換する技術

データを変換する技術とは？

　データを集めてきれいにしただけでは何も生み出しません。そのようなデータを**インフォメーション**と呼びます。

　インフォメーションであるデータに命を吹き込み、インテリジェンスにする必要があります。その技術が、「データの3つの技術」の1つである「データを変換する技術」です。

　インフォメーションとインテリジェンスの違いは、営業・販売促進活動などのアクションに直接結びつけられるデータかどうかです。

　インフォメーションは見ただけではアクションを起こすことが「できな

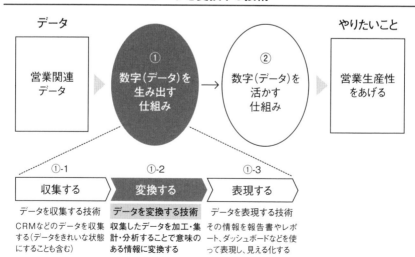

データを変換する技術

い」データで、インテリジェンスは見ただけでアクションを起こすことが「できる」データです。集めたデータ（インフォメーション）を加工・集計・分析し、アクションに直接結びつけられるデータ（インテリジェンス）に変換する必要があります。

　では、どのようなインテリジェンスを、データを変換する技術で生み出すのでしょうか。
　以下の「3種類の数字（データ）」が主なインテリジェンスです。

①多様な軸で計算された「指標」
②指標と要因の「関係性」
③指標の「予測値」

　①の「**多様な軸で計算された『指標』**」とは、組織別・個人別などいろいろな軸で、「3種類の指標」（成果指標・ストック指標・フロー指標）を計算することです。
　どのような軸で計算するのかは、どういう切り口で比較・分析したいのかによって変わってきます。

　例えば、時間軸で指標を比較・分析したいのか、組織軸や個人軸で指標を比較・分析をしたいのか、エリア軸や商材カテゴリー軸で指標を比較・分析したいのかなどです。
　時間軸で指標を見ることで、昨年に比べどうだったのかが分かります。組織軸や個人軸で指標を見ることで、組織の問題なのか個人の問題なのかが分かります。エリア軸や商材カテゴリー軸で指標を見ることで、エリアの問題なのか商材カテゴリーの問題なのかが分かります。

　②の「**指標と要因の『関係性』**」とは、企業規模や業種、営業活動などの売上に影響する「要因」と3種類の指標との「関係性」です。
　関係性が分かれば、何が問題だったのか目途がつきますし、今後何をすべ

3章　集めたデータから重要な数字を生み出す「データの3つの技術」　81

きかのヒントになります。

　例えば、訪問回数が少ないほど離反率が大きくなるという「関係性」が分かれば、問題解決の糸口として「訪問回数に何かありそうだ」と目途がつき、考えるきっかけになります。

　具体的には、訪問回数が少ないのは、顧客担当者と営業パーソンの相性がよくないからだ、訪問するきかっけとなるネタがないからだ、顧客担当者が異動して後任と連絡が取れていないからだ、などいろいろなことが、訪問回数という視点から考えられます。

　このように分析していくとき、「相性悪い」「訪問ネタがない」「後任と連絡が取れない」などといった「営業パーソンの頭の中にある情報」が重要になってきます。

「営業パーソンの頭の中の情報」を使ってどのように分析などを進めていくのかは、4章で説明します。

　しかし、これだけでは不十分です。

　例えば、②の「指標と要因の『関係性』」から「企業規模と受注件数の関係性」や「業種と受注率の関係性」、「訪問回数と離反率の関係性」などが見え、やるべき営業・販売促進活動などが分かっても、具体的な受注件数や受注率、離反率などの値までは分かりません。

　③の**「指標の『予測値』」**とは、受注件数や受注率、離反率などの指標の値を予測することです。

　指標の値を予測することで、このやるべき営業・販売促進活動に「数字による説得力」を持たせます。

　以上の3つのこと（①多様な軸で計算された「指標」・②指標と要因の「関係性」・③指標の「予測値」）について説明していきます。

多様な軸で計算された「指標」

3種類の指標（成果指標・ストック指標・フロー指標）は、2章で定義した通り計算すれば求められます。

例えば、平均客単価は受注金額の合計を顧客数で割れば計算できますし、訪問件数は訪問したリード（見込み顧客）の数をカウントすれば求めることができます。

問題は、どこまで細かく計算しておくのかです。通常は、全体の指標の数字だけでなく、部署別や個人別、商材カテゴリー別、エリア別などの指標の数字も見たいものですが、どのような比較・分析をしたいのかによります。

多くの場合、商材カテゴリーやエリアが部署と紐づいている（例：半導体営業部や航空機器営業部、東日本営業部や関西営業部など）ため、「部署別・個人別」で指標を見られるようにしておきます。

セールス・アナリティクスの観点から考えると、「部署別・個人別」に加え、さらに3つの軸で見ていきます。

①営業・販売促進活動の軸
②顧客行動の軸
③企業属性の軸

①の**「営業・販売促進活動の軸」**とは、営業・販売促進活動の実施状況別に指標を計算することです。

例えば、サービスのパンフレットを「配った・配っていない」で、受注率の数字を出す。そうすることで、パンフレットの配布によって受注率がどのように変わるのかが分かります。

3章　集めたデータから重要な数字を生み出す「データの3つの技術」

例えば、既存顧客への訪問回数を「年12回以上・年6〜11回・年3回〜5回・年1〜2回・一度も訪問していない」で、離反率の数字を出す。そうすることで、訪問回数の大小によって離反率がどのように変わるかが分かります。

部署別・個人別・3つの軸別に指標を計算する

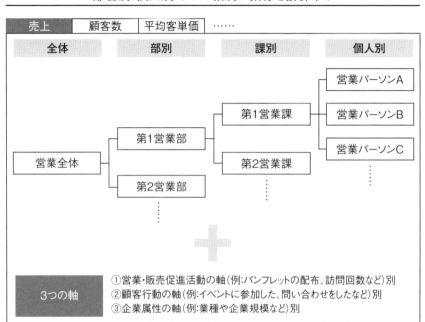

営業・販売促進活動の軸での集計例（受注率）

		受注 した	受注 していない	指標 受注率
パンフレット	配った	32	35	48%
パンフレット	配っていない	8	85	9%
計		40	120	25%

営業・販売促進活動の軸での集計例（離反率）

		離反		指標
		した	していない	離反率
訪問回数 （年回）	12回以上	0	42	0%
	6〜11回	20	195	9%
	3〜5回	41	159	21%
	1〜2回	19	23	45%
	0回	15	2	88%
計		95	421	18%

②の**「顧客行動の軸」**とは、リード（見込み顧客）や既存顧客の行動別に指標を計算することです。

例えば、サイトから資料のダウンロードを「した・していない」で、受注率の数字を出す。そうすることで、サイトからの資料ダウンロードという行動によって受注率がどのように変わるのかが分かります。

例えば、自社開催イベントに招待した既存顧客が「参加した・参加していない」で、離反率の数字を出す。そうすることで、自社開催イベントに参加するという行動によって離反率がどのように変わるのかが分かります。

顧客行動の軸での集計例（受注率）

		受注		指標
		した	していない	受注率
サイトから資料 ダウンロード	した	33	16	67%
	していない	7	104	6%
計		40	120	25%

3章　集めたデータから重要な数字を生み出す「データの3つの技術」　85

顧客行動の軸での集計例（離反率）

		離反		指標
		した	していない	離反率
自社開催イベント	参加した	3	382	1%
	参加していない	92	39	70%
計		95	421	18%

　③の**「企業属性の軸」**とは、リード（見込み顧客）や既存顧客の属性別に指標を計算することです。

　例えば、企業規模別（例：売上規模や資本金、従業員数など）に受注率の数字を出す。そうすることで、企業規模によって受注率がどのように変わるのかが分かります。

　セールス・アナリティクスでは、この「３つの軸」（①営業・販売促進活動の軸・②顧客行動の軸・③企業属性の軸）を、指標へ影響を及ぼす「３種類の要因」（①営業・販売促進活動要因・②顧客行動要因・③企業属性要因）と考えます。

　他の要因として、社会環境や景気、政治などのマクロ要因も考慮する必要がありますが、ここでは割愛します。より長期的な分析が必要になるからです。

企業属性の軸での集計例（受注率）

		受注		指標
		した	していない	受注率
企業規模	大企業	25	52	32%
	中堅企業	9	39	19%
	中小企業	5	28	15%
	小規模零細	1	1	50%
計		40	120	25%

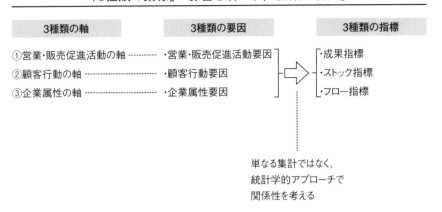

指標と要因の「関係性」

「3種類の要因」と「3種類の指標」の関係性を計算します。

単なる集計ではなく、相関係数や標準偏差、統計モデルなどの統計学的アプローチで、いろいろな要因を複合的に絡めて指標の関係性を見ていきます。

統計学的な要素といっても、それほど難しいものは扱いません。

数字には大きく、**「量」**のものと**「カテゴリー」**のものがあります。

指標は、件数や率などで表現される「量」です。しかし、3種類の要因は「量」で表現されるものと、「カテゴリー」で表現されるものに分かれます。

例えば、売上や利益などは「量」ですが、業種やパンフレットの配布などは量ではなく「カテゴリー」（1：パンフレットを配った、0：配っていない）です。

さらに、量である売上高を3つのグループに分けた場合（例：売上100億円以上をグループA、売上100億円未満10億円以上をグループB、売上規模10億円未満をグループC）、量ではなく「カテゴリー」（1：グループA、2：グループB、3：グループC）になります。

要因が「量」か「カテゴリー」かで、指標と要因の関係性の出し方が変わります。順に説明します。

・**要因が「量」の場合**

指標との関係性は「散布図」と「相関係数」で表わします。「散布図」とは次の図のようなもので、横軸に「要因」の数字を取り、縦軸に「指標」の数字を取ります。

関係性があるかどうかを見るために、「相関係数」を出します。相関係数は、－1から＋1の値の数字を取ります。

相関係数が0の値に近いとき、「相関がない」といいます。相関係数が＋1の値に近いほど「正の相関がある」といい、相関係数が－1の値に近いほど「負の相関がある」といいます。

正の相関とは、要因の数字が大きくなるほど指標の数字が大きくなることを意味します。負の相関は、要因の数字が小さくなるほど指標の数字が大きくなることを意味します。

例えば、訪問回数が少ないほど離反率が大きくなる場合、「訪問回数」と「離反率」の間には負の相関があるといいます。

企業規模が大きいほど客単価が大きくなる場合、「企業規模」と「客単価」

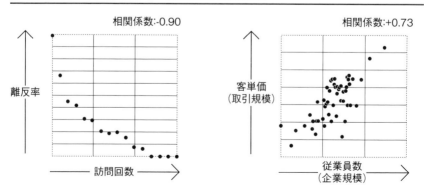

散布図と相関係数

の間には正の相関があるといいます。

散布図や相関係数は、Excelでも簡単に出せます。付録1で無料分析ツールRを使った場合の散布図と相関係数の出し方を説明しています。

・要因が「カテゴリー」の場合

指標との関係性は「棒グラフ」と「数表」で表わします。下図のような、横軸に「要因」（例：パンフレット）を取り、縦軸に「指標」（例：受注率）の平均値を取った棒グラフです。

数表は、例えば以下の5項目です。

①平均値
②最大値
③最小値
④レンジ（最大値－最小値）
⑤標準偏差

よく平均値で比較することがありますが、平均値だけだと部署間や個人間の指標のばらつきが見えなくなります。

そのため、レンジや標準偏差などの、指標のばらつきを表現する数字も一

棒グラフと数表

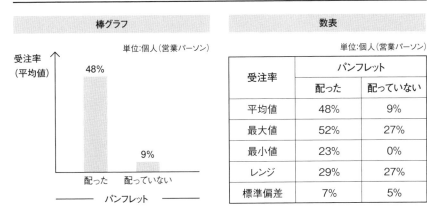

3章　集めたデータから重要な数字を生み出す「データの3つの技術」

平均が同じで標準偏差の異なる部署

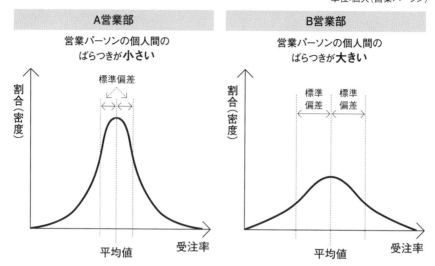

緒に計算し、見られるようにしておきます。

　例えば、受注率の平均値が同じ部署でも、標準偏差などのばらつきを見ると、大きく異なることがあります。

　標準偏差の小さい部署は、営業パーソンの個人間のばらつきが小さいといえます。標準偏差の大きい部署は、営業パーソンによって営業成績が大きくばらついているといえます。

　営業・販売促進活動の「効果の大きさ」（例：パンフレットを配った場合の受注率と配っていない場合の受注率の差）でも同じようなことが起こります。「効果の大きさ」の平均値がほぼ同じなのに、標準偏差を見ると大きく異なることがあります。

　標準偏差が小さいとは、それだけばらつきが小さく安定して効果が出せる営業・販売促進活動といえます。そのため、平均値が同じなら標準偏差の小さい営業・販売促進活動を選択したほうがよいでしょう。

　標準偏差が大きい場合、うまくいけば平均値を大きく上回る結果が出ますが、下手をすると平均値を大きく下回る結果になるリスクがあるからです。

平均値×標準偏差マップ

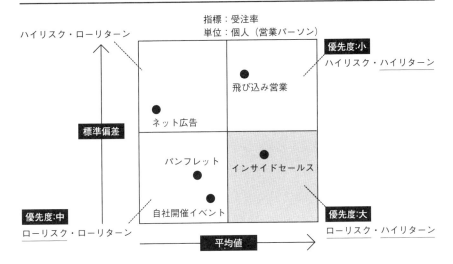

　ちなみに、標準偏差が大きいことをリスクが大きい、標準偏差が小さいことをリスクが小さいといいます。

　理想は、**平均値が大きく標準偏差が小さい営業・販売促進活動**です。

　多くの場合、複数の営業・販売促進活動を組み合わせて実施します。そのため1つを選ぶということは、あまりありません。営業・販売促進活動の「組み合わせ方」によっては、受注率などの平均値や標準偏差などの数字が大きく変わるため、どのように組み合わせるのかが問題になります。

　例えば、上図のようにリスクとリターンを考えて、ネット広告経由で自社開催イベントの申し込み、そして参加した後にインサイドセールス（電話やメールなどによる内勤営業）を実施します。

　複数の営業・販売促進活動が組み合わさることで、受注率の平均値が大きくなり、標準偏差が小さくなることがあります。

　つまり、受注率の平均値が小さく標準偏差が大きい営業・販売促進活動でも、他の営業・販売促進活動と組み合わさることで、意外な力を発揮することがあるということです。

　そのため、平均値が小さく標準偏差が大きいという理由で、その営業・販売促進活動をやらないという判断をすることはできません。

このように、1つの要因と指標の関係性だけではなく、複数の要因と指標の関係性を見るべきです。

　要因の数は、1つや2つでは収まらないことでしょう。組み合わせもいろいろあり、1つひとつ集計し散布図や棒グラフを作っていたのでは、時間だけがどんどん過ぎていきます。

　そもそも、散布図や棒グラフだけで、複数の要因を絡めて指標との関係性を見ていくには限界があります。

　上図のような統計モデルを使うことで、複数の要因を絡めた指標との関係性を出すことができます。この統計モデルは予測でも使うことができます。具体的なモデル構築方法は、巻末の付録2で説明します。

　ここで1つ、注意点があります。**構築する統計モデルは、統計学的に厳密には正しくないかもしれない**、ということです。セールス・アナリティクスは、統計学的正しさよりも実務で活用できるかを優先します。予測のための統計モデル構築も同様に、統計学的には正しくないかもしれませんが、実務で活用できるかどうかで考えて構築します。

　ここで紹介した平均値や最大値、最小値、レンジ、標準偏差はExcelでも簡単に計算できます。本書巻末の付録1では、無料分析ツールRを使った場合の出し方を説明しています。

統計モデルのイメージ（フィッシュボーンチャート）

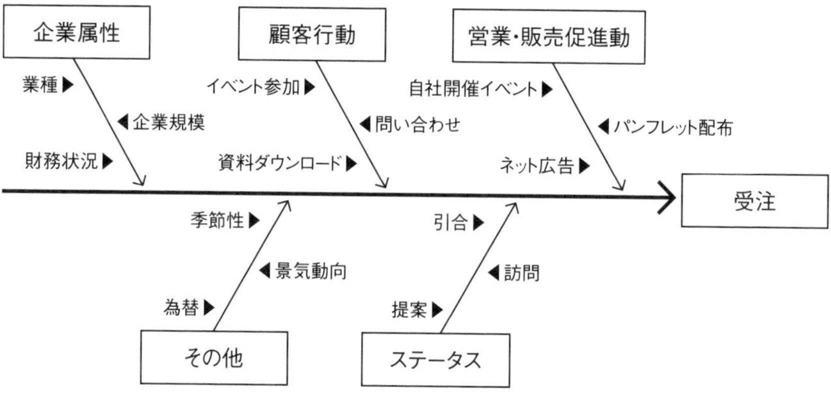

企業属性
業種▶
◀企業規模
財務状況▶

顧客行動
イベント参加▶
◀問い合わせ
資料ダウンロード▶

営業・販売促進動
自社開催イベント▶
◀パンフレット配布
ネット広告▶

受注

季節性▶
◀景気動向
為替▶
その他

引合▶
◀訪問
提案▶
ステータス

指標の「予測値」

　セールス・アナリティクスの大きなメリットは、常に未来を見据え、営業・販売促進活動を効率的に実施できることです。

　例えば、2章で説明した「その顧客は儲かるのか？」や「どの営業・販売促進活動をするべきか？」を知ることができれば、未来を見据えた動きができることでしょう。

　未来を見据えた動きをした結果、無駄なリード（見込み顧客）を追うことが減り、効率的に受注を促し、かつ離反を抑制することで顧客数を増やし、クロスセルやアップセルなどで取引額を拡大（客単価アップ）することができます。

　「その顧客は儲かるのか？」や「どの営業・販売促進活動をするべきか？」などを知るためには、受注率や受注金額、フロー指標の値などを予測する必要があります。

　例えば、セールス・アナリティクスでは、以下の7つの予測をよくします。

①受注率を予測する

②受注期間を予測する

③受注金額を予測する

④離反率を予測する

⑤LTV（顧客生涯価値）を予測する

⑥フロー指標の値を予測する

⑦次に勧めるべき商材を予測（レコメンド）する

　この本で紹介する予測値の出し方は、簡単な集計をベースにした簡便法と、統計モデルを使ったものです。計算方法などについては、巻末の付録2で説明します。

　①の**「受注率を予測する」**とは、「受注する確率」の値を出すことです。リー

ド（見込み顧客）だけでなく既存顧客のアップセルやクロスセルなどの受注も含まれます。

最も簡単な受注率の予測のやり方は、例えば業種と企業規模などをもとに集計した受注率を予測値として利用することです。これが簡便法です。

統計モデルを使うと、より精度の高い予測ができます。詳細は、巻末の付録2で説明します。

②の**「受注期間を予測する」**とは、受注するまでの「期間の長さ」の値を予測することです。

①の「受注率を予測する」と同様に、リード（見込み顧客）だけでなく既存顧客のアップセルやクロスセルなどの受注も含まれます。

最も簡単な受注期間の予測のやり方は、例えば業種と企業規模などをもとに集計した平均値を予測値として利用します。

①の「受注率を予測する」と同様に、統計モデルを使うと、より精度の高い予測ができます。

受注率を予測する

簡便法の計算例

最も簡単な受注率の予測のやり方は、例えば業種と企業規模などをもとに集計した受注率を予測値として利用する

		企業規模	
		大企業	中堅企業
業種	建設業	23%	11%
	製造業	53%	34%
	小売業	12%	9%

統計モデルのイメージ

統計モデルを使うと、より精度の高い予測ができる

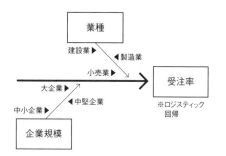

受注期間を予測する

簡便法の計算例

最も簡単な受注期間の予測のやり方は、例えば業種と企業規模などをもとに集計した平均値を予測値として利用する

		企業規模	
		大企業	中堅企業
業種	建設業	4カ月	4カ月
	製造業	3カ月	4カ月
	小売業	5カ月	6カ月

統計モデルのイメージ

統計モデルを使うと、より精度の高い予測ができる

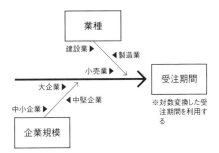

③の「**受注金額を予測する**」とは、「受注したときの金額」の値を予測することです。①の「受注率を予測する」と同様に、リード（見込み顧客）だけでなく既存顧客のアップセルやクロスセルなどの受注も含まれます。

最も簡単な受注金額の予測のやり方は、例えば業種と企業規模などをもとに集計した平均値を予測値として利用します。

統計モデルを使うと、より精度の高い予測ができます。

受注金額を予測する

簡便法の計算例

最も簡単な受注金額の予測のやり方は、例えば業種と企業規模などをもとに集計した平均値を予測値として利用する

		企業規模	
		大企業	中堅企業
業種	建設業	3億円	1.5億円
	製造業	2億円	1.8億円
	小売業	4千万円	1千万円

統計モデルのイメージ

統計モデルを使うと、より精度の高い予測ができる

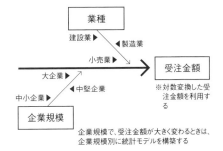

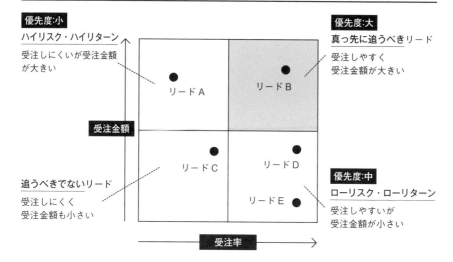

　①、②、③で予測する「受注率」「受注期間」「受注金額」は、よく一緒に予測し見ていきます。

　例えば、上の図はリード（見込み顧客）の「受注率」と「受注金額」を予測し、同時に見たマップです。

　このように、いくつかの予測値を掛け合わせて見ることが多いです。

　④の**「離反率を予測する」**とは、既存顧客が「継続契約しない確率」の値を予測することです。

　最も簡単な離反率の予測のやり方は、例えば訪問回数と取引の長さなどをもとに集計した離反率を予測値として利用します。

　統計モデルを使うと、より精度の高い予測ができます。

離反率を予測する

簡便法の計算例

最も簡単な離反率の予測のやり方は、例えば訪問回数と取引の長さなどをもとに集計した離反率を予測値として利用する

		取引期間	
		10年以上	5〜9年
訪問回数 （年間）	12回以上	0%	0%
	6〜11回	2%	6%
	3〜5回	5%	9%

統計モデルのイメージ

統計モデルを使うと、より精度の高い予測ができる

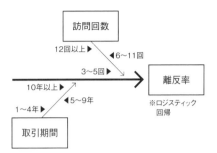

　⑤の「LTV（顧客生涯価値）を予測する」とは、「顧客のLTV」の値を予測することです。④の「離反率を予測する」で予測した離反率をもとにLTVを計算します。

　例えば、離反率が10%（0.1）であれば、平均継続年数は10年（1年÷0.1）になります。

　年間の平均客単価が3,000万円とすれば、売上ベースのLTVは3億円（3,000万円×10年）となります。そこから原価や新規顧客獲得コスト、既存顧客維持コストなどの費用を引けば、利益ベースのLTVになります。

LTV（顧客生涯価値）

LTV（顧客生涯価値）とは、顧客が生涯を通じてどれくらい売上もしくは利益に貢献したかを算出した指標（一時的な受注金額だけではなく、取引の間にもたらされる売上もしくは利益全体の額）

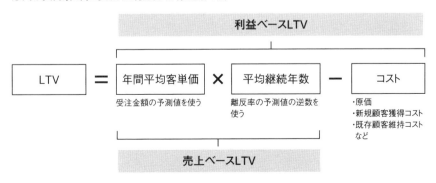

売上ベースのLTVの計算例

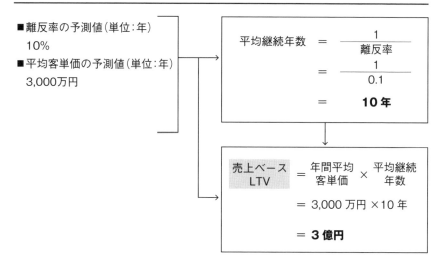

　初年度と2年目以降の平均客単価が大きく異なる場合は、分けて計算すればよいでしょう。初年度が5,000万円で2年目以降が1,200万円とすると、売上ベースのLTVは、1億5,800万円（5,000万円＋1,200万円×9年）となります。そこから費用を引くと、利益ベースのLTVが求められます。

　⑥の「**フロー指標の値を予測する**」とは、「訪問⇒提案」などのステータス間の遷移率の値を予測することです。
　例えば、「営業・販売促進活動の選択時」などで利用します。2章で説明した「営業・販売促進活動の効果の大きさ」を予測するときなどです。

　最も簡単なフロー指標の値の予測のやり方は、例えばパンフレットの配布などの営業・販売促進活動の有無（配布した or 配布していない）をもとに集計した値を予測値として利用します。
　統計モデルを使うと、より精度の高い予測ができます。

　⑦の「**次に勧めるべき商材を予測（レコメンド）する**」とは、既存顧客が購入しそうな商材を予測し、営業パーソンが勧めるべき商材のリスト（レコ

フロー指標の値を予測する

簡便法の計算例

最も簡単なフロー指標の値の予測のやり方は、例えば営業・販売促進活動の有無をもとに集計した値を予測値として利用する

(訪問後)提案率 【訪問⇒提案】		パンフレット配布	
		した	していない
提案日の アポ取り	した	97%	92%
	していない	74%	47%

統計モデルのイメージ

統計モデルを使うと、より精度の高い予測ができる

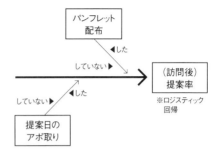

メンド商材リスト）を出すことです。

①や②、③の受注率や期間、金額などと掛け合わせることで、勧める商材の優先順位付けができます。

比較的簡単なレコメンド商材リストの出し方に、**協調フィルタリング**という手法があります。

協調フィルタリングにはいろいろな手法がありますが、代表的なのは「商材ベースの協調フィルタリング」と「顧客ベースの協調フィルタリング」の2つです。「商材間の買われ方の類似度」を使うか、「顧客間の買い方の類似度」を使うかの違いです。巻末の付録2で詳述します。

レコメンド商材リスト例

顧客	レコメンド商材	受注率	受注期間	受注金額
顧客A	商材1	23%	4カ月	3億円
顧客A	商材2	53%	3カ月	2億円
顧客A	商材3	12%	5カ月	4千万円
顧客B	商材1	11%	4カ月	1.5億円

協調フィルタリングによるレコメンド

商材ベースの協調フィルタリング

顧客の購入実績から**商材間の買われ方の類似度**を計算し商材をレコメンドする

	商材1	商材2	商材3	商材4	商材5	……
顧客A	1	1	0	0	0	
顧客B	1	1	1	0	1	
顧客C	1	0	0	0	1	
顧客D	0	0	1	1	1	
顧客E	0	0	1	0	1	

※1:購入、0:未購入

商材1を購入する顧客は商材2も購入しているケースが多いから、商材1を購入した顧客Cに商材2を勧める

顧客ベースの協調フィルタリング

顧客の購入実績から**顧客間の買い方の類似度**を計算し商材をレコメンドする

	商材1	商材2	商材3	商材4	商材5	……
顧客A	1	1	0	0	0	
顧客B	1	1	1	0	1	
顧客C	1	0	0	0	1	
顧客D	0	0	1	1	1	
顧客E	0	0	1	0	1	

※1:購入、0:未購入

商材4を顧客Dは購入しているが、似たような購入実績の顧客Eは購入していないので、顧客Eに商材4を勧める

「3種類の数字（データ）」はそのままでは分かりにくい

集めたデータ（インフォメーション）を加工・集計・分析しアクションに直接結びつけられるデータ（インテリジェンス）に変換しても、アクションが起こるとは限りません。なぜならば、他人に理解されるとは限らないからです。

セールス・アナリティクスでは、以下の「3種類の数字（データ）」が主なインテリジェンスでした。

⑴多様な軸で計算された「指標」
⑵指標と要因の「関係性」
⑶指標の「予測値」

この「3種類の数字（データ）」は、そのままでは単なる数字の羅列です。数字の羅列を見せられても、多くの人は理解に苦しむことでしょう。
最低限、グラフ化されていると助かります。しかし、グラフがたくさんあっ

ても困ります。どのグラフが重要なのか。どのような順番でグラフを見ればよいのか。どのようにグラフを解釈していけばよいのか。ただただ数字やグラフを見て混乱するだけです。

集めたデータを変換し、インテリジェンス化したら、次にすべきは理解しやすいように表現することです。

数字の羅列で理解に苦しむ

3 データを表現する技術

データを表現する技術とは何か？

　出力された指標や分析結果などの数字（データ）の羅列を、誤解なく正確に理解するためには、分かりやすく表現する必要があります。その技術が、「データの3つの技術」の中の「データを表現する技術」です。

　以下の3つのことをします。

①定義と意味を一覧表にまとめる
②グラフと表で分かりやすくする
③構造化しストーリー化する

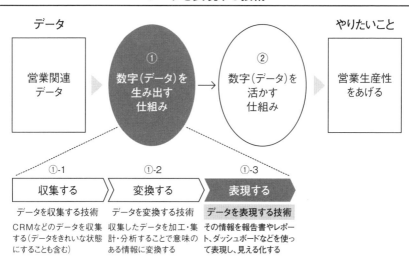

データを表現する技術

①の「定義と意味を一覧表にまとめる」とは、指標や分析結果などの数字（データ）の定義や意味などを一覧表にまとめることです。

　数字（データ）を見たときに誤解なく正確に事実を把握するためです。

　②の「グラフと表で分かりやすくする」とは、指標や分析結果などをグラフや表で分かりやすく表現することです。

　指標や分析結果などは、そのままでは数字（データ）の羅列にすぎません。数字（データ）の羅列だけで事実を把握するよりも、グラフや表で分かりやすく表現されていたほうが事実を把握しやすいでしょう。

　しかし、見慣れないグラフや表で表現すると、逆に混乱させるので注意が必要です。

　③の「構造化しストーリー化する」とは、指標や分析結果などの間の関係性を考慮し、グラフや表の見る順番や配置などを考えることです。

　個々のグラフや表は、1つひとつ独立してはいません。例えば、売上と受注件数の間に関係性はあるし、受注件数と受注率の間にも関係性はあります。

　つまり、数字（データ）は、他の数字（データ）と何かしらの関係性があるということです。その関係性を考慮することで、事実の全体像を把握しやすくなります。

　以上の3つのこと（①定義と意味を一覧表にまとめる・②グラフと表で分かりやすくする・③構造化しストーリー化する）について説明していきます。

定義と意味を一覧表にまとめる

　目の前にある数字（データ）の定義や意味が分からないことには、数字（データ）から「事実」を誤解なく正確に把握することはできません。

　例えば、受注率。リード（見込み顧客）全体の受注率なのか、提案ステー

いろいろな受注率

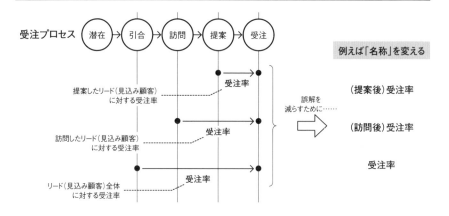

タスのリード(見込み顧客)の受注率なのか、既存顧客の継続の受注率なのか、既存顧客のアップセルの受注率なのかで、その数字から読み取れることが異なります。

このような場合、名称のつけ方で誤解を減らすだけでなく**「数式で表現した定義」**があると、誤解が少なくなります。

多くの数字は四則演算(＋－×÷)を使った数式で表現されるため、簡単な数式になります。しかし、統計モデルなどを強引に数式で表現すると、複雑に見え理解を妨げます。このようなときは、定義だけでなく「意味」を添えてあげると分かりやすくなります。

したがって、以下の3項目のある一覧表があるとよいでしょう。

①名称
②定義
③意味

①の**「名称」**とは、文字通り指標などの名称です。

②の**「定義」**とは、数式です。多くの場合は四則演算(＋－×÷)だけの簡単な数式で表現されます。

③の**「意味」**とは、②の「定義」を日本語で表現したものです。

数字（データ）の一覧表例

No.	①名称	②定義	③意味
30001	（提案後） 受注率	受注件数 / 提案件数	提案したリード（見込み顧客）の中で、受注した件数
30002	（訪問後） 受注率	受注件数 / 訪問件数	訪問したリード（見込み顧客）の中で、受注した件数
30003	受注率	受注件数 / リード（見込み顧客）数	名刺交換などで連絡可能となったリード（見込み顧客）全体の中で、受注した件数

　②の「定義」だけで十分と思うかもしれませんが、あえて③の「意味」で日本語化することで、数式アレルギーのある方でも理解しやすくなります。

　ちなみに、統計モデルなどで登場する、慣れていない人から見たら「わけの分からない数式」は、無理に②の「定義」に記載する必要はありません。どのような統計モデルを使ったのかだけ記載しましょう。

　①の「名称」と②の「定義」、③の「意味」だけでもよいのですが、さらに以下の2つの項目があれば、なおよいでしょう。

④許容範囲
⑤解釈例

　④の**「許容範囲」**とは、想定している指標の値より「どの程度下回っているときに問題と見なすのか」、もしくは「上回っているときに問題と見なすのか」ということです。

　この許容できる範囲を記載しておきます。例えば、「昨年の平均の±10%を許容範囲にする」や「昨年平均の±標準偏差×2を許容範囲にする」などです。「±10%」のような経験則でもよいですし、統計学的に「±標準偏差×2」でもよいでしょう。

3章　集めたデータから重要な数字を生み出す「データの3つの技術」　105

正規分布を仮定した範囲の決め方

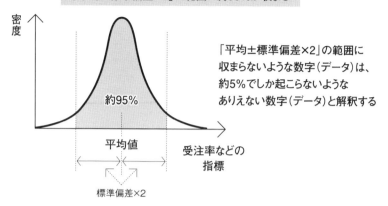

　標準偏差とは、数字（データ）のばらつきの度合いを意味します。この標準偏差は許容範囲にも使え、「平均±標準偏差×2」の範囲にデータの約95%が収まります。つまり、「平均±標準偏差×2」の範囲に収まらないような数字（データ）は、約5%でしか起こらないようなありえない数字（データ）と解釈され、何か問題が起こっているのではないかと考えます。
　もちろん、統計学的な正規分布という仮定を満たさなければなりませんが、ここでは実用性を重視し、統計学的な厳密さを考慮せず使います。

　⑤の**「解釈例」**とは、プチ事例のことです。なくてもよいですが、あると②の「定義」と③の「意味」のイメージが具体的に湧いてきます。数字（データ）を見るときの助けにもなります。
　できれば、実際に見るExcelのレポートやBIツールのダッシュボードの画面などを掲載しておくとよいでしょう。

　以上のような一覧表にまとめることで、少なくとも数字（データ）が何を意味しているのかは、分かることでしょう。
　しかし、数字（データ）の羅列を見せられただけで理解しろと言われてもうんざりします。そのために、グラフや表で分かりやすく表現します。

グラフと表で分かりやすくする

　数字（データ）の羅列を見ただけで、事実を把握できる人は稀です。多くの人は、気合を入れて数字（データ）の定義と意味を頭に叩き込んで、数字の羅列を見なければなりません。非常に大きなストレスで、数字嫌いになってしまいます。

　グラフや表で表現することで、数字（データ）を読むときのストレスを軽減し、事実を直観的に読み取れるように手助けをします。

　しかし、グラフや表による表現は、不適切だと逆にストレスを増大させます。そのため、スーッと自然に頭に入ってくる工夫が必要になります。

　では、どうすればよいのか。

　例えば、以下の5ステップで検討していきます。

`Step.1` 表現する数字（データ）を確認する
`Step.2` グラフや表を選定する
`Step.3` グラフや表を作成する
`Step.4` 作成したグラフや表をレビューする
`Step.5` 改善ポイントを整理する

`Step.1` 表現する数字（データ）を確認する

　まずは、数字の名称や定義、意味などの記載された一覧表を確認します。このとき、どのようにグラフや表で表現すると理解されやすいだろうかと考えながら確認します。

3章　集めたデータから重要な数字を生み出す「データの3つの技術」　107

数字（データ）の性質によって使うグラフはだいたい決まっている

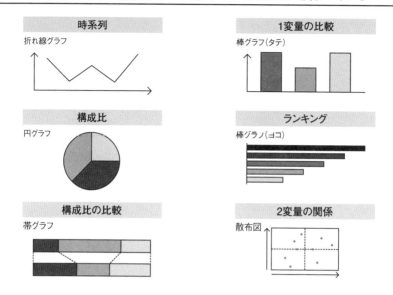

Step.2 グラフや表を選定する

「グラフ」で表現するのか「表」で表現するのか、グラフで表現するなら「どのグラフ」で表現するのが自然かを考え、選定していきます。場合によっては、グラフと表の両方で表現することもあります。

数字（データ）の性質（例：時系列や構成比など）によって、だいたいグラフ表現は決まってきます。例えば、時系列は折れ線グラフ、構成比は円グラフ、構成比の比較は帯グラフなどです。

トリッキーな表現ではなく、どこかで見たことのある見慣れたグラフ表現になるようにしましょう。

表で表現するときは、単なる数字の羅列にならないように注意します。表には、次ページの図のように「表側」と「表頭」があります。表側と表頭の並び順に意味を持たせましょう。

例えば、3種類の指標（成果指標・ストック指標・フロー指標）の間には関係性があります。その関係性をもとに表頭の並び順を決めます。

表の項目の並び順に意味を持たせる

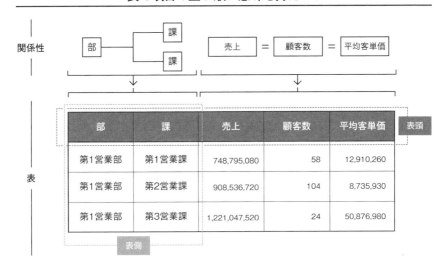

Step.3 グラフや表を作成する

選定したグラフや表を実際に作っていきます。できるだけシンプルになるように心がけましょう。

注釈がいるときには、必ずつけるようにします。できる限り、数字の定義や意味などは記載しておきます。1年後に見たとき、「作った本人すら分からない」なんてならないように注意します。

Step.4 作成したグラフや表をレビューする

グラフや表を見る営業パーソンなどに実際に見てもらい、スーッと頭に数字（データ）が入ってくるかどうかを確かめてもらいます。

もし問題がなければ、グラフや表は完成です。もし分かりにくいと言われたときには、素直にその意見を聞き、よりシンプルなグラフや表になるように改善します。 Step.5 に進みます。

Step.5 改善ポイントを整理する

グラフや表の改善が必要なときは、どこをどのように改善するのかを整理します。グラフや表の形式、線の太さ、色使い、大きさ、表示する数字など

いろいろと改善すべきポイントが出てくると思います。

　このような見た目の改善だけではなく、思い切って「情報量を削る」ことが重要になることも多いです。分かりにくい原因の1つが情報の詰め込みすぎの問題です。

　最初は、これでもかと思うくらいに思い切って情報量を削ってみましょう。それで、何を語っているグラフや表なのか分からなくなったときに、初めて情報量を追加していきます。

　何度か Step.5 の「改善ポイントを整理する」から Step.2 の「グラフや表を選定する」にフィードバックし、完成度を高めていきます。

　ただグラフや表を分かりやすく作ればよいというものではありません。パワーポイントで作る報告書であろうが、Excel で作るレポートであろうが、BI ツールのダッシュボードであろうが、ただグラフや表が延々と続くだけでは嫌がられます。

　指標や分析結果などの数字（データ）の間には関係性があり、作成したグラフや表の順番や並び方を工夫することが重要になってきます。

構造化しストーリー化する

　1つひとつのグラフや表を見ただけで、事実の全体像を把握するのは難しいことでしょう。指標や分析結果などの数字（データ）の間の関係性を理解したうえでグラフや表を見ると、事実の全体像の把握が進みます。

　そのためには、数字（データ）の間の関係を構造化し、ストーリー設計をします。そのストーリーをもとに、グラフや表の順番や並び方を検討し、作り上げていきます。

　具体的には、以下の7ステップで作り上げていきます。

Step.1 表現する媒体を確認する

Step.2 データツリーの作成と関係性の図解化

Step.3 ストーリーを設計する

Step.4 スケルトンを設計する

Step.5 モックアップを作成する

Step.6 作成したモックアップをレビューする

Step.7 改善ポイントを整理する

Step.1 表現する媒体を確認する

　パワーポイントで報告書を作るのか、Excelでレポートを作るのか、BIツールでダッシュボードを作るのか、どのような媒体で何を作るのかを確認し活用シーンをイメージします。表現する媒体によって、目的や活用の仕方、グラフや表の表現の仕方が異なってきます。

　例えば、パワーポイントで作る報告書は、エライ人向けの説明で利用することが多いため、何を伝えるのかというメッセージ性が重要になってきます。そして、その場でグラフなどを作り変えることはありません。

　例えば、Excelで作るレポートは、主に現場向けです。現場の営業パーソンや現場に近いマネジメント層などが、気になるデータを自ら見に行き、どうなっているのか現状を把握するために使います。そのため、どこにどのような数字（データ）があるのかが分かるようにします。さらに、自らグラフなどを作ったり、集計したり、分析することもあるので、そのあたりも考慮しておいたほうがよいでしょう。

　例えば、BIツールなどで作るダッシュボードは、上記のパワーポイントの報告書とExcelのレポートの中間に位置します。BIの特徴として、指標や分析結果などの粒度を荒くしたり細かくしたりできます。荒い粒度（例：営業全体や営業本部、営業部など）にするとエライ人向けのサマリーレポートになり、細かい粒度（例：営業課やグループ、個人など）にすると現場向けの詳細なレポートになります。パワーポイントで作る報告書と異なり、その場でグラフなどを作り変えることができます。

Step.2 データツリーの作成と関係性の図解化

　数字（データ）間の関係性を、「データツリー」や「図解」で表現し構造化します。

データツリー例

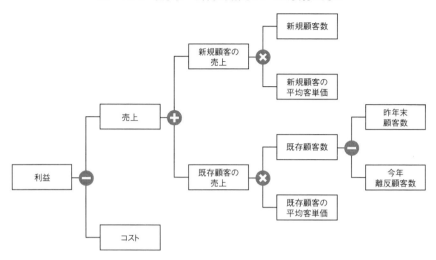

　データツリーとは、数字（データ）間の関係をツリー上で表現したものです。基本、四則演算で展開していきます。
　図解とは、要因や指標などの関係性を図で表現したものです。要因などを四角や楕円などで囲み、囲んだ要因同士を線や矢印などでつなげたものです。

　数字（データ）の性質によって向き不向きはありますが、できるだけ両方作っておきましょう。例えば、受注プロセスは図解のほうが分かりやすいですが、データツリーで描くと不格好なものになり向いていません。
　しかし、データツリーを描いておくと指標の定義が見えやすくなります。

図解例

※図解:要因や指標などの関係性を図で表現したもの

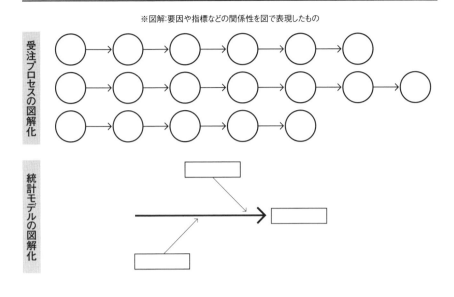

「受注プロセス」に関するデータツリーと図解例

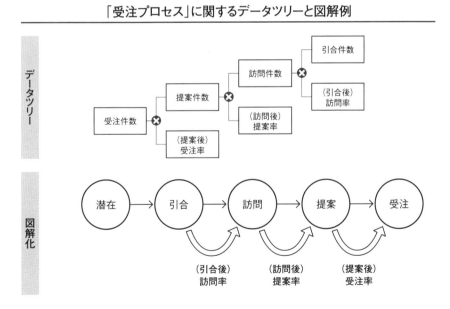

3章 集めたデータから重要な数字を生み出す「データの3つの技術」

ストーリー例

順番	目的	見る数字(データ)	やること
1	予算達成できそうか	売上 (全体・部署別)	予算の達成状況を、予算・昨年・実績・予測の4つの数字を比較してみる
2	顧客数に 問題はないか	顧客数 (全体・部署別)	売上の予算が達成できそうもないとき、顧客数に問題がないかを確認する 売上同様に、予算・昨年・実績・予測の4つの数字を比較してみる
3	平均客単価に 問題はないか	平均客単価 (全体・部署別)	売上の予算が達成できそうもないとき、平均客単価に問題がないかを確認する 売上同様に、予算・昨年・実績・予測の4つの数字を比較してみる
4	新規顧客数と 離反顧客数の どちらの問題が大きいか	新規顧客数と 離反顧客数	顧客数に問題があるとき、新規顧客が増えないのが問題なのか、離反顧客が多いのが問題なのかを見極める
5	新規顧客獲得の プロセスに 問題はないか	新規顧客の 受注プロセスの ストック指標	各ストック指標の、先月・今月・来月(予測)の3つの数字を比較し、問題がありそうなステータスを探す

Step.3 ストーリーを設計する

　作成したデータツリーと図解をもとに、数字（データ）を見る人がどのような順番で見ていくのかを想像し整理します。単純に順番だけを考えるのではなく、何のために見るのかという目的を明確にしていきましょう。

　例えば、「見る順番」と「目的」「見る数字（データ）」「やること」をまとめた一覧表を作ります。できるだけ実際に数字（データ）を見る人を交えて設計します。

Step.4 スケルトンを設計する

　作成したストーリーをもとに、グラフや表の配置などを決めていきます。このとき、グラフで表現したほうがよいのか、表で表現したほうがよいのかなども併せて考えていきます。

スケルトン例

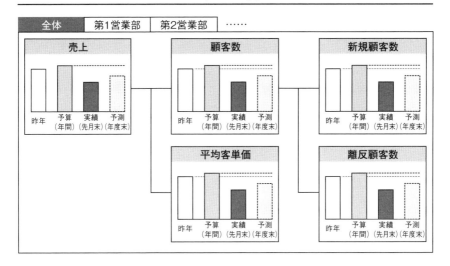

　基本は、「結果から原因へ」と「大きなものから小さなものへ」です。「結果から原因へ」とは、「成果指標」から「ストック指標」「フロー指標」「営業・販売促進活動」へと、結果からその原因へと掘り下げていくことです。
　「大きなものから小さなものへ」とは、全体の受注件数から営業部署別受注件数、個人別受注件数へと粒度を細かくしていくことです。

　パワーポイントなどで作る報告書の場合には、もう少し工夫が必要になります。
　報告書の中には、グラフや表などによる事実の羅列だけではなく、その先のアクションのための提言などが記載されています。つまり、数字（データ）から事実を読み取り解釈し、今後どうなりそうかを述べ、さらに対策案などが記載されています。4章の「数字の3つの技術」に該当する内容です。
　Excel などで作るレポートの場合には、目次シートと表のシート、グラフのシートを明確に分けておきましょう。
　目次シートとは、Excel レポートの目次になるシートで、見たい数字（データ）名称をクリックすると、そのシートに飛ぶようにすると便利です。
　グラフと表は同じシートに混在させないようにし、表のシートはＲや

Python、SAS、SPSS、STaTa などの分析ツールから読み込みやすいように作っていくとよいでしょう。Excel の分析で飽き足らない場合に、他のツールで分析がしやすくなるからです。

BI ツールなどで作るダッシュボードの場合には、視線の動きなども考慮しましょう。基本は、「左から右」「上から下」「計画から実績、予測」「結果から原因へ」「大きなものから小さなものへ」です。

1 ページに強引に詰め込みすぎると、ごちゃごちゃしてよくありません。あまり詰め込みすぎないようにしましょう。できれば、どのように数字（データ）を見て事実を把握し解釈していくのか、数ページほどの手引書があると便利です。

`Step.5` モックアップを作成する

スケルトンに従い過去データで報告書やレポート、ダッシュボードを試しに作ってみます。気になる箇所は、その場で修正していきます。

`Step.6` 作成したモックアップをレビューする

試しに作った報告書やレポート、ダッシュボードを、実際に数字（データ）を見る人を交えレビューします。スーッと頭に入ってくるかどうかを確かめてもらいます。

問題がなければ完成です。もし分かりにくいと言われたときには、素直にその意見を聞き、よりシンプルなスケルトン、よりシンプルなグラフや表になるように改善します。場合によっては、ストーリーそのものを改善します。

`Step.7` 改善ポイントを整理する

改善が必要なときに、どこをどのように改善するのかを整理します。

何度か `Step.7` の「改善ポイントを整理する」から `Step.3` の「ストーリーを設計する」にフィードバックし、完成度を高めていきます。

「見える化」しただけでアクションが起こるほど甘くない

　指標や分析結果などの数字（データ）の羅列を、グラフや表で分かりやす
く表現し、報告書やレポート、ダッシュボードといった形で分かりやすくま
とめても、それだけで営業効率を高めることはできません。その先が必要に
なります。

　報告書やレポート、ダッシュボードで分かるのは「事実」だけです。報告
書であれば「提言」という形でその先が記載されているかもしれません。し
かし、それは単なる紙やファイルとして存在しているだけで、営業・販売促
進活動というアクションをしているわけではありません。

　アクションに結びつけるには、**数字（データ）から読み取った「事実」の
先**が重要です。その「事実」の先が報告書で言及されていたとしても、実際
にアクションをする人の頭で考え腑に落ちなければ、適切なアクションに結
びつきにくいでしょう。

　これは、セールス・アナリティクスなどの「人を軸にしたデータ分析活用」
の最大の壁です。**「ただ見る」と「見て考える」の間にある壁**です。

　どんなに素晴らしいデータを集めて分析し、分かりやすく表現しても、活
用されない最大の原因です。どんなに CRM を作り込んでも、最近流行りの
BI ツールを導入しても、この壁は突破できません。システムやツールの問
題ではないからです。

　つまり、IT 化の問題ではなく、数字で考え、伝え、動かす「数字（データ）
を活かす仕組み」の問題だからです。

3章　集めたデータから重要な数字を生み出す「データの3つの技術」　117

4章

データを活かし
収益につなげる
「数字の３つの技術」

1 数字で考える技術

数字で考える技術とは？

3章で説明した「数字（データ）を生み出す仕組み」では、主に以下の「3種類の数字（データ）」がインテリジェンスとして出力されます。

（1）多様な軸で計算された指標
（2）指標と要因の関係性
（3）指標の予測値

この「3種類の数字（データ）」を活かし収益につなげるのが、「数字（データ）を活かす仕組み」です。それを実現するのが「数字の3つの技術」です。

そのためには、まず「3種類の数字（データ）」をもとに考えなくてはなりません。その考える技術が、「数字の3つの技術」の1つである**「数字で考える技術」**です。

以下が「考えるべき3つのこと」です。

①何が起こっていたのか（過去）
②どうなりそうか（未来）
③何をすればよいのか（アクション）

具体的には、以下の「数字（データ）から導く5つのポイント」（事実・解釈・延長・対策・解決）をもとに考えていきます。

Ⓐ**事実：数字（データ）から直接分かることは何か？**

数字で考える技術

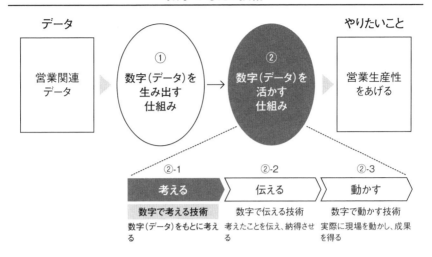

Ⓑ解釈：数字（データ）の裏側で何が起こっているのか？
Ⓒ延長：そのまま何も対策を打たないとどうなるのか？
Ⓓ対策：どのような対策を打つべきか？
Ⓔ解決：対策を打つとどうなるのか？

　①の「何が起こっていたのか（過去）」とは、数字（データ）から「Ⓐ事実」を把握し、何が起こっていたのかを「Ⓑ解釈」することです。

　②の「どうなりそうか（未来）」とは、そのまま何もしないとどうなるのか（Ⓒ延長）、問題が起こりそうならばどのような対策を打つべきか（Ⓓ対策）、対策を打つとどうなるのか（Ⓔ解決）を考えることです。
　この段階では、いくつかの「対策案」とその「効果の大きさ」（Ⓒ延長とⒺ解決のギャップ）を出します。

　③の「何をすればよいのか（アクション）」とは、②の「どうなりそうか（未来）」で出された、いくつかの「対策案」とその「効果の大きさ」（Ⓒ延長とⒺ解決のギャップ）をもとに、実施する営業・販売促進活動などのアクショ

「数字（データ）から導く5つのポイント」と「考えるべき3つのこと」

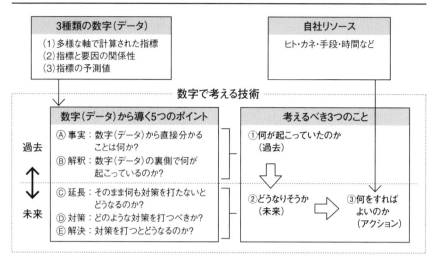

ンを検討し決定することです。

このとき、「効果の大きさ」（Ⓒ延長とⒺ解決のギャップ）だけでなく、効率性や実現可能性などのいくつかの評価軸で多面的に考えます。

以上の考えるべき3つのこと（①何が起こっていたのか・②どうなりそうか・③何をすればよいのか）について説明していきます。

「何が起こっていたのか（過去）」を考える

まずは、「3種類の数字（データ）」のもと、過去に「何が起こっていたのか」を考えます。

具体的には、「（1）多様な軸で計算された指標」と「（2）指標と要因の関係性」の数字（データ）から「Ⓐ事実」を把握し、何が起こっていたのかを「Ⓑ解釈」していきます。

セールス・アナリティクスに限らず、データ分析全般に言えることですが、**数字（データ）から分かるのは、「ある事象」（例：受注など）の「1面の1**

数字（データ）から分かるのは「事象」の「1面の1部分」だけ

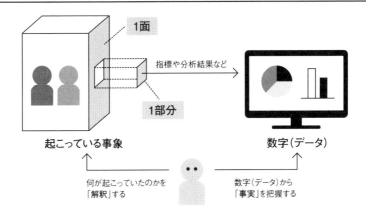

部分」だけです。

　例えば、「受注件数」という数字（データ）は、「成果」という側面を表わした数字（データ）にすぎません。

　例えば、「成果を得るためのプロセス」や「顧客の心理状態」、「営業パーソンの性格」なども、「受注」という事象の一側面です。「受注件数」は、あくまでも「成果」という一側面のことしか語れません。

　そして、この「受注件数」という数字（データ）は、「成果」という側面のすべてを表わしているわけでもありません。他に「受注金額」や「受注商材」なども「成果」という側面を表わす数字（データ）があります。

「受注件数」は「成果」という側面のほんの1部分のデータにすぎない

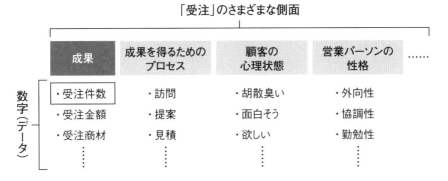

4章　データを活かし収益につなげる「数字の3つの技術」

要するに、「受注件数」は「成果」という「1面の1部分」の数字（データ）にすぎないということです。
　このように、数字（データ）は、ある事象の1面の1部分にすぎません。そのため、実際に「何が起こっていたのか」は、数字（データ）から直接は分かりません。あくまでも、実際に何が起こっていたのかを「知る手がかり」にすぎません。
　そのため、**数字（データ）から「Ⓐ事実」という手がかりをつかみ、実際に「何が起こっていたのか」を「Ⓑ解釈」する必要がある**のです。

　そして、この「Ⓐ事実」は、誰が考えてもほぼ同じことが導かれます。数字（データ）を見たまま読み取るからです。
　例えば、
「昨年同月に比べ売上が20％落ちた」
「先月に比べ受注件数が25％増えた」
「リード（見込み顧客）数が想定していた計画値よりも50％多い」
は、誰が見ても同じです。

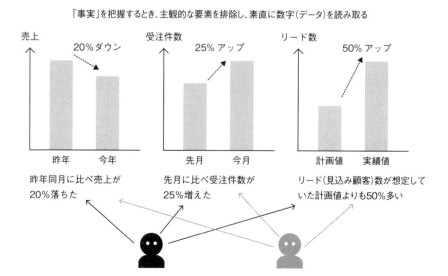

「事実」は人によって異ならない

「Ⓐ事実」では、素直に数字（データ）を読み取ります。感情や思い入れ、解釈など主観的な要素は極力排除して読み取ります。

「Ⓑ解釈」は、「Ⓐ事実」をもとに「何が起こっていたのか」を、その人の持っている情報や今まで培った経験値や感覚、考え方などを通して考えるため、人によって異なります。

例えば、「昨年同月に比べ売上が20％落ちた」に対する「Ⓑ解釈」は、
「昨年同月に比べ売上が20％落ちたのは『営業努力が足りない』からだ」
「昨年同月に比べ売上が20％落ちたのは『顧客ニーズが変化した』からだ」
「昨年同月に比べ売上が20％落ちたのは『強力な競合商材が出てきた』からだ」
のように、人によって異なります。

誰のどのような「Ⓑ解釈」が正しいのかは、本当のところ誰にも分かりません。少なくとも、「Ⓑ解釈」が現場の営業パーソンから見たら「荒唐無稽なこと」にならないように注意しましょう。

そのためにも、現場の営業パーソンの声は「Ⓑ解釈」に強く影響させたほ

「解釈」は人によって異なる

「解釈」は、「事実」と「解釈する人の持っている情報や今まで培った経験値や感覚、考え方」などをもとに「何が起こっていたのか」を読み取る

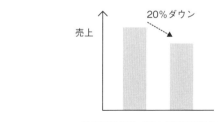

昨年同月に比べ売上が 20％落ちた

昨年同月に比べ売上が 20％落ちたのは
営業努力が足りないからだ

昨年同月に比べ売上が 20％落ちたのは
顧客ニーズが変化したからだ

昨年同月に比べ売上が 20％落ちたのは
強力な競合商材が出てきたからだ

「解釈」は、「事実」と「現場の定性情報」から生まれる

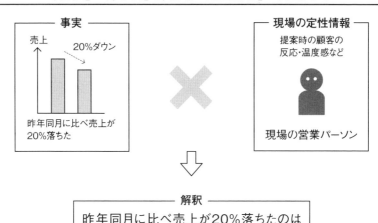

うがよいのです。近視眼的になりやすいという欠点はありますが、現場で起こっていることは現場の人にしか分かりません。多くの場合、営業パーソンの頭の中にある「感覚的な現場の定性情報」はデータ化されていないので、集めた数字（データ）には表われてきません。

つまり「Ⓑ解釈」は、「Ⓐ事実」と営業パーソンの頭の中にある「感覚的な現場の定性情報」を掛け合わせることで、実際に「何が起こっていたのか」を垣間見ることです。

数字（データ）から「Ⓐ事実」を把握し、何が起こっていたのかを「Ⓑ解釈」しても、あくまでも「過去」のことにすぎません。このままでは、単なる評論家になるだけです。これから何をすべきかを考えるために、この先「どうなりそうか」という未来を考える必要があります。

「どうなりそうか（未来）」を考える

「何が起こっていたのか」という過去を考えたら、次に「どうなりそうか」という未来を考えます。未来について考えることで、**「その顧客は儲かるのか」「どの営業・販売促進活動をすべきか」**というアクションにつながるか

らです。

具体的には、「(2) 指標と要因の関係性」と「(3) 指標の予測値」の数字（データ）をもとに、「そのまま何もしないとどうなるのか」（ⓒ延長）、「問題が起こりそうならば、どのような対策を打つべきか」（Ⓓ対策）、「対策を打つとどうなるのか」（Ⓔ解決）を考えていきます。

「そのまま何もしないとどうなるのか」（ⓒ延長）では、過去の傾向を未来に引き伸ばし、「問題が起こりそうかどうか」を考えます。

もし問題が起こりそうであれば、何か対策を考えなければなりません。

基本、**人の頭を使って未来を見ていきます**。補足的に、受注件数などの指標の予測値を見ます。統計モデルなどの予測結果に頼りすぎないように気をつけましょう。

「問題が起こりそうならば、どのような対策を打つべきか」（Ⓓ対策）では、「そのまま何もしないとどうなるのか」（ⓒ延長）を考えたときに見えた問題の対策案を考えます。

この部分はアイディア勝負です。過去の知見や現場の感覚などを織り交ぜ、頭をフル回転させます。

例えば、指標（例：受注率など）と要因（例：パンフレット配布など）の関係性から、どの営業・販売促進活動がよさそうか、などを考えていきます。

「予測値」と「営業パーソンの頭」で未来を見る

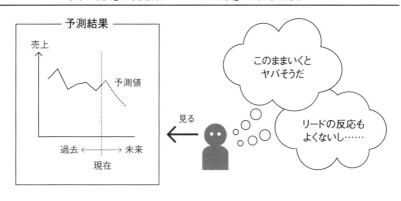

「指標と要因の関係性」と「営業パーソンの頭」で対策案を考える

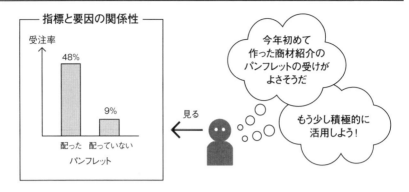

「**対策を打つとどうなるのか**」（Ⓔ**解決**）で、「Ⓓ対策」を打った結果を考えます。問題が劇的に解決するかもしれませんし、あまり解決しないかもしれません。対策案1つひとつに対し、基本は人の頭を使い、その結果を考えていきます。

補足的に、受注件数などの数字（データ）がどうなるのかを、統計モデルで予測します。

「**対策を打つとどうなるのか**」（Ⓔ**解決**）で重要になるのは、「そのまま何もしないとき」（Ⓒ延長）とのギャップを見ることです。過去とのギャップではないことに気をつけましょう。

受注件数などの指標を定量的な数字で予測することで、ギャップを「定量的に見積もる」ことができます。

この定量的なギャップが、その解決策の定量的な効果の大きさです。

何度も言いますが、基本的には「人の頭」で未来（Ⓒ延長・Ⓓ対策・Ⓔ解決）を考えていきます。必ず現場の営業パーソンを含めて考えていきましょう。現場を知らない人や現場と遠く離れたところにいる人だけで未来を考えると、リアリティが欠如し、実行されない対策を導くだけです。

あくまでも、未来の想像力を刺激するために、統計モデルなどの予測値を見ます。予測値はあくまでも参考程度のものです。予測値を鵜呑みにせず、人間の頭で考えることが必要です。

対策案の効果の大きさ

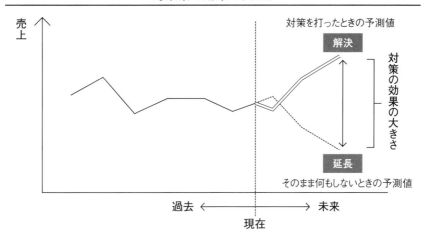

「何をすればよいのか（アクション）」を考える

「どうなりそうか」という未来を考え、いくつかの「対策案」とその「効果の大きさ」（ⓒ延長とⒺ解決のギャップ）を出したら、次に「何をすればよいのか」というアクションを考えます。

「何をすればよいのか」を考えるとき、「効果の大きさ」だけでなく「効率性」や「実現可能性」なども考慮し、具体的に実施するアクションを検討し決めます。つまり、「ⓒ延長」と「Ⓓ対策」「Ⓔ解決」を、自社リソース（ヒト・カネ・手段・時間など）の視点で考えていきます。

2章で紹介した、以下のセールス・アナリティクスで知りたい2つの未来で話を進めます。

・その顧客は儲かるのか？
・どの営業・販売促進活動をするべきか？

例えば、「その顧客は儲かるのか？」では「リード（見込み顧客）の選定」、「どの営業・販売促進活動をするべきか？」では「営業・販売促進活動の選定」

4章　データを活かし収益につなげる「数字の3つの技術」 | 129

で利用されます。

　この「リード（見込み顧客）の選定」を考えるとき、例えば以下の成果指標で検討します。

・受注件数（受注率×リード件数）
・平均受注金額（もしくは平均LTV）

　以下は、どの業界を狙うかを選定するための評価マップ（横軸：受注件数、縦軸：平均受注金額）です。
　例えば、ターゲットとする業界を選定するとき、評価マップを見ながら狙う業界を選んでいきます。
　もちろん、業界単位ではなく1社単位でも評価マップを作ることはできます。営業・販売促進活動中、「追うリード（見込み顧客）」と「追わないリード（見込み顧客）」を決めるときには、1社単位の評価マップを利用します。

「営業・販売促進活動の選定」を考えるとき、例えば「効果の大きさ」（ⓒ延長とⓔ解決のギャップ）を含め、以下の3つの評価軸で検討していきます。

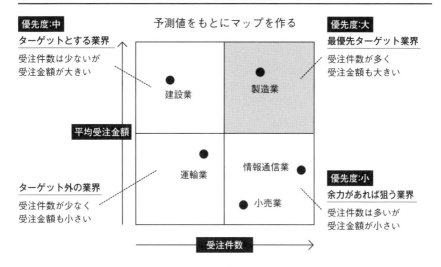

- 効果の大きさ（Ⓒ延長とⒺ解決のギャップ）
- 効率性（費用対効果）
- 実現可能性（リソース）

他には、例えば以下の３つの評価軸があります。

- 重要性
- 緊急性
- 実現時期

どのような評価軸を使うのかは、企業や組織によります。
下のマップは、営業・販売促進活動の評価マップ（横軸：効果の大きさ、縦軸：効率性）です。

評価マップを見ながら、実現可能性（リソース）を考慮し、実施する営業・販売促進活動を検討していきます。

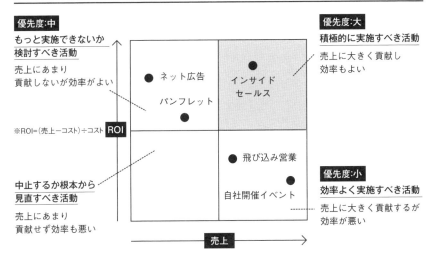

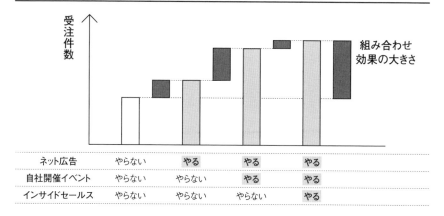

営業・販売促進活動の「組み合わせ」の効果の大きさ

　実施は、営業・販売促進活動は組み合わせが重要なため、「組み合わせたときの効果の大きさ」を検討していきます。統計モデルで簡単に「効果の大きさ」を求めることができます。

考えただけでは組織も人も動かない

　指標や分析結果などの数字（データ）から、何が起こっていたのか（過去）を把握し、どうなりそうか（未来）を予測し、そして具体的に何をすればよいのか（アクション）が分かっても、動くのが1人だけでは、その効果は薄いでしょう。

　多くの場合、1人だけですべてがどうにかなるものではありません。いろいろな人を巻き込む必要があります。例えば、セミナー開催が効果的であることが分かっても、おそらく1人では開催できません。

　そのためには、「3種類の数字（データ）」を見て考えた後、その考えたことを**人に伝え**、**納得してもらう**必要があります。

　問題は、いかに伝えるかということです。しかし、ただ伝えればよいというものではありません。相手に伝わらなければ意味はありません。下手な伝え方は混乱をもたらすだけです。

考えたことをみんなに伝え、巻き込む

3種類の数字（データ）

(1) 多様な軸で計算された指標
(2) 指標と要因の関係性
(3) 指標の予測値

考えるべき3つのこと

① 何が起こっていたのか（過去）
　→ 事実と解釈
② どうなりそうか（未来）
　→ 問題は起こりそうか？
　　いくつかの対策案とその効果の大きさ
③ 何をすればよいのか（アクション）
　→ 結論（実施する対策）とその選定理由

考えたことを伝える

2 数字で伝える技術

数字で伝える技術とは？

「考えるべき3つのこと」（何が起こっていたのか・どうなりそうか・何をすればよいのか）を考えたら、次に人に伝え、組織内に波及させなければなりません。

この「考えるべき3つのこと」は、そのまま「伝えるべき3つのこと」になります。

数字で伝える技術

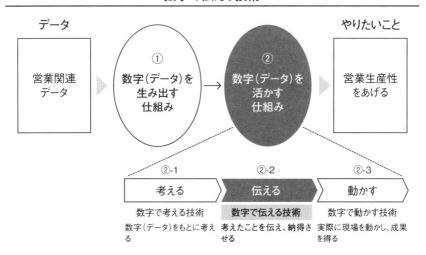

この「伝える」で失敗するケースが非常にもったいないのです。人に伝わらないがために、アクションが起こらない。アクションが起こっても、効果の薄いものになってしまう。

その人に伝え、組織に波及させる技術が「数字の３つの技術」の中の**「数字で伝える技術」**です。

「人に伝わらない」を避けるためのポイントは、以下の３つです。

①数字を交えて伝える

……説得力を増すために、人に伝えるときには積極的に「数字を交える」ということです。数字で説得力が増すからです。

②迷ったら PREP で伝える

……口頭などで伝えるとき、迷ったら PREP（Point-Reason-Example-Point、結論－根拠－例示－結論）のフレームワークを使って伝えると、分かりやすくなります。

③報告書は PREP を入れ子にする

……パワーポイントなどで作る報告書の構造を、PREP の入れ子構造にすると分かりやすくなります。

以上の３つのこと（①数字を交えて伝える・②迷ったら PREP で伝える・③報告書は PREP を入れ子にする）について説明していきます。

数字を交えて伝える

ここでクイズです。

あなたは営業本部長です。次ページの２人の部下の発言のどちらに説得力がありますか。それは、なぜでしょうか？

4章 データを活かし収益につなげる「数字の３つの技術」　135

クイズ:どちらの発言に納得力がありますか?

あなたは、営業本部長です

あなたは、部下のどちらの発言に**納得感**がありますか?

A営業部次長
- 市場全体が急拡大しているにもかかわらず、商材Aの売上が思うように伸びません
- 原因は、**人手が足りない**からです
- 人を増やしてよろしいでしょうか?
- できれば、ある程度の営業経験のある人が希望です

B部長代行
- 昨年に比べ、市場全体が200%拡大している中、商材Aの売上が102%と伸び悩んでいます
- 原因は、人手が足りずリード獲得後の訪問が50%しかできていないことにあります
- 初期訪問する人員を6名増員し、12名体制にしてもよろしいでしょうか?
- 3年以上の法人営業経験のある人を希望します

あなたは、どちらに**納得力**を感じましたか? その**理由**は何ですか?

「B部長代行」の発言に、説得力を感じたのではないでしょうか。

どちらも伝えたいことは同じで、2人の発言の差は**「数字を交えたかどうか」**だけです。

数字で交えて伝えることには、以下のようなメリットがあります。

・分かりやすい
・イメージがつきやすい
・インパクトがある

恐ろしいことに、もとのデータの裏付けが貧弱でも、数字を交えて伝えるだけで「説得力」が増します。数字の魔力です。

数字は伝える側がきちんと伝えているつもりでも、受け取る側で歪められてしまうことがあります。それが、数字を交えて伝えることのデメリットです。

例えば、以下の３つはよく起こります。

・独り歩きする
・曲解される
・数字遊び

　数字は分かりやすく、イメージがつきやすく、そしてインパクトがある反面、数字だけが独り歩きし、都合のいいように曲解される恐れがあります。そして、都合のよい数字になるように数字遊びに走る人も出てきます。

　このような負の側面は常につきまとうため、気をつけなければなりません。

　そして、ただ数字を交えて伝えればよいというわけでもありません。そもそも伝え方を間違うと何も伝わりません。伝えられた側は、よく分からない数字を読み上げていたという記憶しか残らないでしょう。

　このような場合、頭の中に入ってこないため、理解されずアクションが起こりにくくなります。

迷ったらPREPで伝える

　数字で伝えるには、「数字で考える技術」で考えた、以下の「伝えるべき３つのこと」を、いかに伝えるのかが問題です。

①何が起こっていたのか（過去）
②どうなりそうか（未来）
③何をすればよいのか（アクション）

　セールス・アナリティクスに限らず、データ分析した結果をどのように伝えればよいのか分からない、という質問をよく受けます。迷ったらPREP（Point-Reason-Example-Point、結論－根拠－例示－結論）のフレームワークを使って伝えましょう、とアドバイスしています。

4章　データを活かし収益につなげる「数字の３つの技術」　137

ⓐ Point（結論）：○○してください
ⓑ Reason（根拠）：なぜならば、△△だからです
ⓒ Example（例示）：例えば、□□です
ⓓ Point（結論）：なので、○○してください

　PREPのフレームを使い、「伝えるべき3つのこと」（①何が起こっていたのか・②どうなりそうか・③何をすればよいのか）を、数字を交えて伝える方法について、説明していきましょう。
　「ⓐ Point（結論）」と「ⓓ Point（結論）」は、指標や分析結果などから導き出された「主張したいこと」です。多くの場合、「③何をすればよいのか（ア

「Point（結論）」は「何をすればよいのか（アクション）」の「結論」

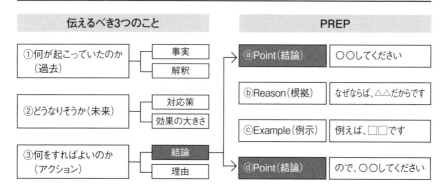

「Reason（根拠）」は「伝えるべき3つのこと」すべて

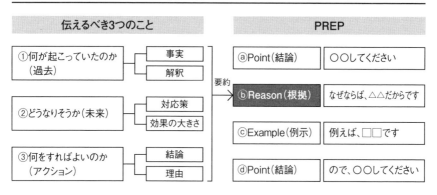

クション）」の「結論」になります。

「ⓑ Reason（根拠）」は、「①何が起こっていたのか（過去）」「②どうなりそうか（未来）」「③何をすればよいのか（アクション）」の３つをそれぞれ要約したものになります。この順番に述べていきます。

「ⓒ Example（例示）」は、「Point（結論）」の理解を促すため、具体的な例示を描写することです。
「ⓒ Example（例示）」は一見すると必要ないように感じられますが、実は非常に重要です。「ⓑ Reason（根拠）」は理詰めで左脳的（理屈で理解）ですが、「ⓒ Example（例示）」は直感的で右脳的（イメージで理解）です。「ⓑ Reason（根拠）」だけでは、説明を受けたそのとき納得しても、後々忘れることがあります。しかし、「ⓒ Example（例示）」は記憶に残りやすいのです。
　例えば、報告書の場合には、必ず「ⓑ Reason（根拠）」とともに「ⓒ Example（例示）」を、できれば「絵」や「画像」などで視覚に訴えることを忘れないようにしましょう。口で伝えるときは、口頭描写します。

　PREP では、最初と最後に同じ「Point（結論）」を繰り返します。最初に言うのは、聞いてもらう姿勢を取ってもらい、話がぶれないようにするため。最後に言うのは、念押しで、忘れさせないためです。
　最初と最後に同じ「Point（結論）」を伝えることで、少なくとも「主張したいこと」は伝わります。極論を言うと、「ⓑ Reason（根拠）」と「ⓒ Example（例示）」が伝わらなくても、言いたいことだけは伝わります。

報告書はPREPを入れ子にする

　パワーポイントなどで作る報告書は、さらに一工夫必要です。
　ページ数が少なければ PREP だけでよいでしょう。しかし多くの場合、分析報告書となるとそれなりのページ数になります。明確な目安はないですが、数十ページ以上になるときは、PREP の他に以下の **SDS**（Summary-

4章　データを活かし収益につなげる「数字の３つの技術」　139

Summary（要約）

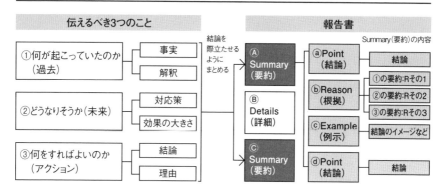

Details-Summary、要約－詳細－要約）のフレームワークを使うとよいでしょう。

Ⓐ Summary（要約）：最初に PREP で報告書の全体を要約する
Ⓑ Details（詳細）：Summary（要約）で述べたことの詳細を PREP で説明する
Ⓒ Summary（要約）：最後に PREP でまとめる

「Ⓐ Summary（要約）」と「Ⓒ Summary（要約）」は、ほぼ同じ内容です。しかし、作成するときのニュアンスが少し異なります。

「Ⓐ Summary（要約）」は、報告書全体の要約です。ここさえ読めば、報告書をすべて読まなくても分かるようにします。「Ⓒ Summary（要約）」は、「Ⓑ Details（詳細）」を整理し、まとめた感じのものになります。

どちらも PREP の流れで構成します。

「Ⓑ Details（詳細）」は、「Summary（要約）」の PREP の R（根拠）をより詳しく説明したものです。

この R（根拠）をより詳しく説明するとき、さらに PREP を使います。「Summary（要約）」の PREP の R（根拠）は、以下の「伝えるべき３つのこと」を要約したもので構成されていました。

Details（詳細）

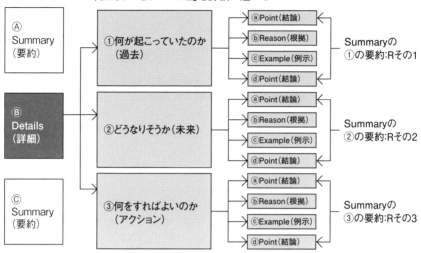

- R（根拠）その1：①何が起こっていたのか（過去）
- R（根拠）その2：②どうなりそうか（未来）
- R（根拠）その3：③何をすればよいのか（アクション）

「Summary（要約）」の「R（根拠）その1」は、「ⒷDetails（詳細）」の「①何が起こっていたのか（過去）」パートの「P（結論）」になります。

他の「Summary（要約）」の「R（根拠）」も同様に、「②どうなりそうか（未来）」パートや「③何をすればよいのか（アクション）」パートの「P（結論）」になります。

話がややこしいので、もう少し説明を加えます。

PREPの根幹にあるのは、「Point（結論）」とそれを支える「Reason（根拠）」のペアです。「Example（例示）」は、「Point（結論）」や「Reason（根拠）」の理解を促すためにあります。

「Summary（要約）」の「Point（結論）」は、「メインメッセージ」と呼ばれます。報告書で述べたい結論です。この「メインメッセージ」を支えるに

メインメッセージとサブメッセージ

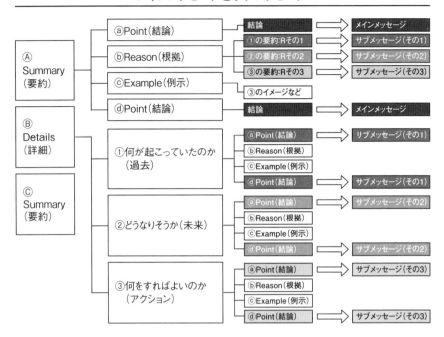

はいくつかの「サブメッセージ」が必要です。この「サブメッセージ」が、「Summary（要約）」の「Reason（根拠）」です。

「サブメッセージ」を主張するために、「サブメッセージ」を「Point（結論）」にした新たなPREPが必要になります。これが、「⑧ Details（詳細）」で展開されるPREPです。

　一見するとややこしそうですが、Point（結論）とReason（根拠）の階層構造さえできあがればよいので、想像しているよりも簡単に作れます。

伝えるだけでは継続されない

「伝えるべき3つのこと」（①何が起こっていたのか・②どうなりそうか・③何をすればよいのか）を、分かりやすく人に伝えることで、一時的にアクションが起こるかもしれません。

　しかし、一時的ではなく継続的にアクションが起こらなければ、セールス・

アナリティクスがうまくいったとは言えないでしょう。

　データ分析活用全般に言えることですが、素晴らしいデータで、素晴らしいデータ分析をし、その分析結果を素晴らしく分かりやすく伝えただけでは、ダメなのです。

　ポイントは、いかに継続させるか。

　セールス・アナリティクスをはじめとしたデータ分析は、**継続することで大きな力を持ちます**。知見も溜まります。人も育ちます。データの質もどんどんよくなります。

　そのためには、継続していくための運用が必要になります。

　セールス・アナリティクスを、継続的に組織内で活用するにはどうすればよいのでしょうか。

　新鮮さはありませんが、**PDS（Plan-Do-See、計画－実行－統制）サイクル**をうまく運用すれば、セールス・アナリティクスは継続します。

3 数字で動かす技術

数字で動かす技術とは？

　継続してセールス・アナリティクスを実施することで、知見が溜まり、人が育ち、データの質がよくなり、スピードが速くなり、分析の質が高まり、収益が拡大し、効率化がよくなり、どんどん営業生産性が高まります。

　つまり、セールス・アナリティクスは、継続することで「大きな力」を持ちます。継続させるためには、「**継続させる工夫**」が必要です。

　この継続的に動く技術が「数字の３つの技術」の中の「**数字で動かす技術**」です。

　例えば、PDS（Plan-Do-See、計画−実行−統制）サイクルを粘り強く回

数字で動かす技術

データ			やりたいこと
営業関連データ	① 数字（データ）を生み出す仕組み	② 数字（データ）を活かす仕組み	営業生産性をあげる

②-1 考える	②-2 伝える	②-3 動かす
数字で考える技術	数字で伝える技術	**数字で動かす技術**
数字（データ）をもとに考える	考えたことを伝え、納得させる	実際に現場を動かし、成果を得る

すことで、セールス・アナリティクスは継続します。

　PDSサイクルは昔からあり、新しさはありません。しかし、セールス・アナリティクスに限らず、うまくいっている企業は非常に少ないのが現状です。

　ボトルネックは、「統制（See）」にあります。計画（Plan）を立案し、後はひたすら実行（Do）のみで、統制（See）がないケースです。

　統制（See）は、単に実行（Do）の評価をするだけでなく、未来に向けてやるべきことを明らかにし、必要があればセールス・アナリティクス全体の方向を修正します。

　例えば、1週間単位でPDSサイクルを回すのであれば、統制（See）は1週間単位で行なわれ、その度に評価と方向修正が実施されます。

　セールス・アナリティクスそのものが、統制（See）を通して「世の中の変化」に応じて変化していきます。

　このようなPDSサイクルを回すうえで、まずやるべきは**「計画」（Plan）**の立案です。

　計画（Plan）で、成果指標（例：売上や受注件数など）やストック指標（例：リード件数や提案件数など）、フロー指標（例：提案率や受注率など）など

PDSサイクル

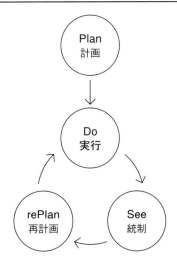

を計画します。

　一度作った計画（Plan）は、基本大きく変化することはありませんが、必要があれば統制（See）で随時修正案を出し、再計画（rePlan）していきます。

　計画（Plan）を立案したら、次に**「実行」（Do）**します。

　実行（Do）とは、主に営業・販売促進活動のことです。ただ実行（Do）するだけでなく、データ蓄積や情報収集も実施していきます。

　PDSサイクルで成否を握るのが、**「統制」（See）**です。

　統制（See）では、統制（See）会議を定期的に開催し、実行（Do）したことを評価し、未来に向けてやるべきことを明らかにしていきます。必要があれば、全体の方向を修正し再計画（rePlan）します。

　以上のことを踏まえ、セールス・アナリティクスのPDSサイクルでポイントになる、以下の３つについて順番に説明していきます。

①**計画（Plan）は逆算で組み立てる**
②**実行（Do）は情報収集の場でもある**
③**成否を握る統制（See）会議**

計画（Plan）は逆算で組み立てる

　セールス・アナリティクスを運用するとき、最初にするのが「計画」（Plan）の立案です。場当たり的な営業・販売促進活動などをしないためにも、しっかり計画を作ります。

　しっかりといっても、３種類の指標（成果指標・ストック指標・フロー指標）をベースに作るので、比較的楽に立案できます。

　この計画（Plan）を立案する前に、まず**「計画期間」**と**「フロー単位期間」**、**「PDSのサイクル期間」**を決めなければなりません。

3つの期間の設定例

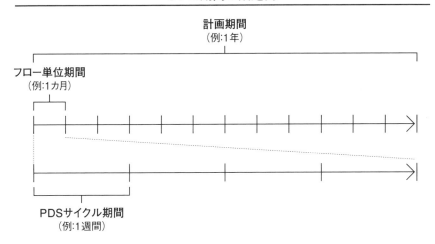

「**計画期間**」とは、**計画する期間の長さ**です。通常は1年ですが、中長期計画ということで、3年・5年・10年というケースもあります。

「**フロー単位期間**」とは、**フロー指標で使う期間の長さ**です。セールス・アナリティクスならではの設定です。

例えば、フロー単位期間が1カ月であれば、1カ月以内に何件遷移するのかをフロー指標は表わします。フロー単位期間が1週間であれば、1週間以内に何件遷移するのかをフロー指標は表わします。

通常、フロー単位期間が短くなればなるほど、フロー指標の数字は小さくなります。

「**PDSのサイクル期間**」とは、**PDSサイクルを1回転させる期間**です。1カ月で設定する企業が多いようですが、経験上、1週間か2週間くらいがよいでしょう。スピード感が出てくるのと、営業パーソンの記憶がまだ残っているからです。

計画（Plan）立案の流れは、次の通りです。

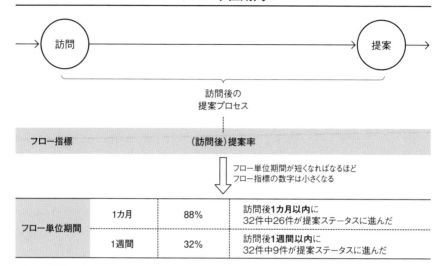

※「フロー単位期間」とはフロー指標で使う期間の長さ

Step.1 営業・販売促進活動の検討
Step.2 フロー指標の推定
Step.3 成果指標の目標設定
Step.4 ストック指標の目標設定
Step.5 目標値の微調整

Step.1 営業・販売促進活動の検討

　実施する予定の営業・販売促進活動を検討し「仮決定」します。

　意外に思う方もいるかもしれませんが、成果指標などの目標設定をする前に検討します。多くの場合、今までやっていた営業・販売促進活動をベースに考え決めます。今まで実施していたものを基本は削っていきますが、迷ったらそのまま採用します。多くのケースでは、今までやっていた営業・販売促進活動をすべて採用します。

　この段階は、あくまでも「仮決定」です。営業・販売促進活動は、Step.5 の「目標値の微調整」で再検討します。

営業・販売促進活動を検討し「仮決定」する

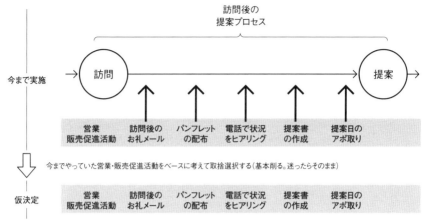

Step.2 フロー指標の推定

仮決定した営業・販売促進活動からフロー指標の値を推定します。3章で説明した簡便法や統計モデルで推定します。

フロー指標の推定

簡便法で計算

営業・販売促進活動の有無をもとに集計した値を予測値として利用する

営業・販売促進活動					(訪問後) 提案率
訪問後のお礼メール	パンフレットの配布	電話で状況をヒアリング	提案書の作成	提案日のアポ取り	
した	した	した	した	した	92%
				していない	57%
			していない	した	87%
				していない	44%
		していない	した	した	71%
				していない	31%

92% → この値を予測値として利用する

フロー指標　　　　(訪問後) 提案率

4章 データを活かし収益につなげる「数字の3つの技術」　149

成果指標の目標設定

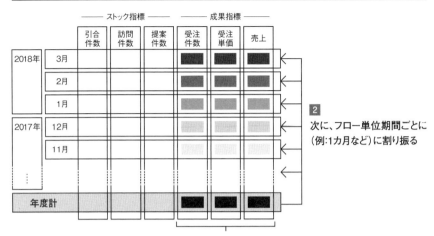

Step.3 成果指標の目標設定

売上や受注件数などの成果指標の目標値を設定します。

まず、計画期間全体（例：1年間など）で達成すべき成果指標の目標値を決めます。次に、フロー単位期間（例：1カ月など）ごとに割り振っていきます。さらに、部署や個人などへ割り振っていきます。

Step.4 ストック指標の目標設定

成果指標の目標値を達成するのに必要なストック指標の目標値を、逆算で求めていきます。

逆算をするとき、推定したフロー指標の値を使います。

例えば、「提案⇒受注」のフロー指標である「（提案後）受注率」が80％と推定されたとします。

ある月の「受注件数」（成果指標）の目標値が16件ならば、前月に20件（16件÷80％）の「提案件数」（ストック指標）が必要になります。

このように、フロー指標の数字を使い、逆算で求めていきます。

ストック指標の目標設定

受注件数から逆算し、ストック指標の目標値を求める

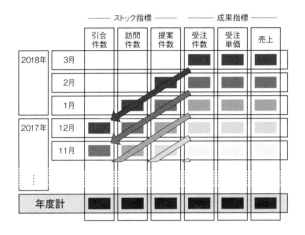

逆算によるストック指標の目標値の計算例

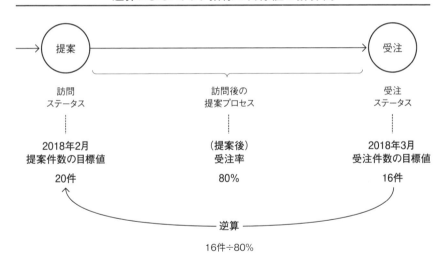

Step.5 目標の微調整

Step.3 の「成果指標の目標設定」と Step.4 の「ストック指標の目標設定」で設定した数字が、現実的になるように調整していきます。

多くの場合、最初のうちは明らかに非現実的な目標値がところどころに見

つかります。現実的な数字になるように、目標値を下げたり、人的リソースを確保したり、実施する営業・販売促進活動を再検討したりします。

これで、セールス・アナリティクスの計画（Plan）は完成します。一見すると面倒くさそうですが、機械的な作業のため、Excel で半自動化することもできます。

しかし、一度立案した計画（Plan）は適時修正されます。修正の検討は、PDS サイクルの統制（See）でされます。

実行（Do）は情報収集の場でもある

計画（Plan）を立案したら、次に営業・販売促進活動を「実行」（Do）します。単に、営業・販売促進活動を実行するだけでなく、「データ蓄積」や「情報収集」を実施しながら実行（Do）していきます。

「データ蓄積」とは、**実行（Do）の足跡をデータとして蓄積していくこと**です。

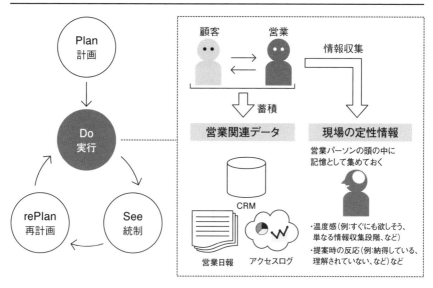

実行（Do）は情報収集の場

データは、サイトのアクセスログのように自動的に蓄積されるものと、CRMへのデータ入力のように人の手を介して蓄積していくものに分かれます。

　人の手を介して蓄積していくデータは、いい加減に入力されがちです。そのため、3章で紹介した「データを日々入力してもらう仕掛け」や「正しいデータを蓄積する取り組み」をするとよいでしょう。それでもダメなら、3章で紹介したデータ・ネクロマンシーでデータを蘇生させます。

　「情報収集」とは、**営業・販売促進活動をしながら、データとして記録しにくい「感覚的な現場の定性情報」を、営業パーソンの頭の中に記憶として集めておく**ことです。

　例えば、初めて訪問したリード（見込み顧客）の温度感（例：すぐにも欲しそう、単なる情報収集段階など）や、提案時の反応（例：納得している、理解されていない、稟議を心配している、など）などです。

　データとして記録しにくいだけであって、頑張れば営業日報として文章データとして記録できますが、微妙なニュアンスまでは記録できません。

　つまり、実行（Do）は単なる営業・販売促進活動などのアクションの場であるだけでなく、「データ蓄積」や「情報収集」の場でもあるのです。

成否を決めるSee（統制）会議

　実行（Do）したことを評価し、未来に向けてやるべきことを明らかにするため、「**統制（See）会議**」を定期的に開催しましょう。必要があれば、セールス・アナリティクス全体の方向を修正し再計画（rePlan）します。

　このSee（統制）会議が、セールス・アナリティクスを継続化させる成否を決めると言っても過言ではありません。セールス・アナリティクスの力を最大限に引き出すのがPDSサイクルの「統制（See）会議」だからです。

　しかし、最も疎かにされるのも、この「統制（See）会議」です。

4章　データを活かし収益につなげる「数字の3つの技術」　153

「統制（See）会議」とは、一言で言うと**進捗確認会議**です。営業であれば、営業会議のようなものです。すでに実施している営業会議の中でやってもよいでしょう。

会議それ自体は難しいものではありません。難しいのは、**定期的に開催し続ける**ことです。

例えば、最初は多くの人が会議に参加しても、そのうち参加者の人数が減っていく。そしてときどき中止もしくは延期されるようになり、最悪、会議自体がなくなる。

または、参加者は減らないが、現場から遠いエライ人しか発言せず、受け身のただ聞いているだけの会議になる。営業パーソンの「感覚的な現場の定性情報」を共有することも、今後の施策に反映することもできず、セールス・アナリティクスにとって実りの少ない会議になる。

当たり前のことですが、会議を継続し続けるには、**開催日はあらかじめ押さえておく**とよいでしょう。

例えば、PDSのサイクル期間が1週間であれば、毎週月曜日の10時に開催するなど、予定を押さえておくのです。

そして、実りの多い会議にするためには、**管理や評価のための会議にならないように気をつけます。**

よくあるのが、「先週1週間どうだったのか」「先月どうだったのか」「やるべきことはやったのか」「進み具合はどうか」など、過去の振り返りがメインの会議になってしまうことです。

振り返りばかりして、次の打ち手を考える時間がない。そして「なんとかしろ！」とか「頑張ろう！」という掛け声で会議が終了してしまう。

このような会議では、未来に向かって具体的に何をやるべきか分かりません。ただ、今までの営業・販売促進活動を数字で評価され、エライ人に詰め寄られ、嫌な気分になるだけです。

指標の数字が悪くても、次に何をやればよいのかが見えてくれば、希望が

持てます。次もこの会議に参加しようという意欲が湧いてきます。

　会議では次の打ち手を考え、会議後に具体的に何をやるべきかが分かっている状態が理想です。そのため、あくまでも未来に向かって何をすべきかの意思決定をするための会議になるように心がけましょう。

　統制（See）会議では、未来に向かって何をすべきかの意思決定をするために、以下の２つの情報を持ち寄ります。

①３種類の数字（データ）
②現場の定性情報

　①の「３種類の数字（データ）」とは、３章で話した「**多様な軸で計算された指標**」「**指標と要因の関係性**」「**指標の予測値**」**の３つのインテリジェンス**のことです。これは「数字（データ）を生み出す仕組み」で出力されます。
　統制（See）会議の前に、数字（データ）を共有できるようにしておきます。

　３種類の数字（データ）の多くは、機械的に計算できます。工夫次第で、いくらでも計算作業の負担を減らすこともできます。
　CRMやBIツールなどのシステムやツールの力を借りて、いつでも見られる状態にしている企業もあります。都度、Excelで集計し社内共有している企業もあります。

　３種類の数字（データ）を見るための「**モニタリング・レポート**」を作るのに手いっぱいにならないように気をつけましょう。
　一番怖いのが、一所懸命にモニタリング・レポートを作り、それだけでセールス・アナリティクスをした気分になることです。気分になっただけでは営業生産性はあがりません。モニタリング・レポートを作るのに時間を奪われ、営業生産性は逆に悪化するだけです。
　そのためにも、できる限りモニタリング・レポートの作成は自動化しましょう。Excelでもある程度の自動化は可能です。

4章　データを活かし収益につなげる「数字の３つの技術」　155

②の「現場の定性情報」は、**実行（Do）時に営業パーソンが集めた「感覚的な現場の定性情報」**です。

　事前に、どのような情報を統制（See）会議に持ち寄るのか、ある程度は決めておきましょう。

　しかし、どのような情報があるとよいのか、最初のうちは見当もつかないことでしょう。心配はいりません。セールス・アナリティクスを運用していると、統制（See）会議中に「『こんな情報』があるといいのに！」という場面に出くわします。その「こんな情報」が、統制（See）会議に持ち寄るべき情報です。

　この①の「3種類の数字（データ）」と②の「現場の定性情報」をもとに、統制（See）会議で「何が起こっていたのか（過去）」「どうなりそうか（未来）」「何をすればよいのか（アクション）」を議論します。
「数字で考える技術」と「数字で伝える技術」を活かすときです。

統制（See）会議で未来に向けて「やるべきこと」を明らかにする

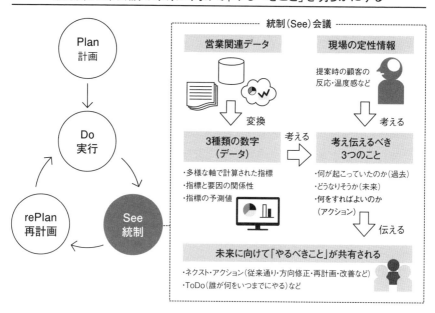

できる限り、統制（See）会議内で出た課題は、その場で解決の目途（担当者・やること・期限など）を立てます。会議後に、誰かが課題を持ち帰って検討することがないようにしましょう。すぐ動くのが基本です。

今あるデータで小さく始め、大きく波及させる

明日から急に、「セールス・アナリティクスで営業生産性をあげろ！」と言われても難しいことでしょう。

セールス・アナリティクスという「よく分からないこと」を信じて、快く実践してくれる人は、おそらくほとんどいません。

セールス・アナリティクスに限らず、データ分析活用全般に言えることです。データを使って何かをやり始めることに対する「目に見えない大きな心の壁」があるからです。

だから、セールス・アナリティクスは「小さく始め、大きく波及させる」のがよいのです。私の経験上、そのやり方で多くの場合、うまくいきます。

波及のさせ方には、以下の２つがあります。

①指標の守備範囲を広げる
②部署の対象範囲を広げる

①の「指標の守備範囲を広げる」とは、**徐々にセールス・アナリティクスで使う指標を広げていく**ことです。

多くの場合、今あるデータから作れる指標はほんのわずかです。

２章で話した通り、「３種類の指標」（成果指標・ストック指標・フロー指標）を定義することで、「収集すべき理想のデータ」が見えてきます。「今あるデータ」との重なりを見ることで、「今すぐ使えるデータ」と「これから集めるべきデータ」が見えてきます。

最初は、「今すぐ使えるデータ」のみを使った指標しか、セールス・アナリティクスでは使えません。しかし、データを整備するごとに「使えるデータ」が増えていきます。その度にセールス・アナリティクスで使える指標も

4章　データを活かし収益につなげる「数字の３つの技術」　157

指標の守備範囲を徐々に広げていく

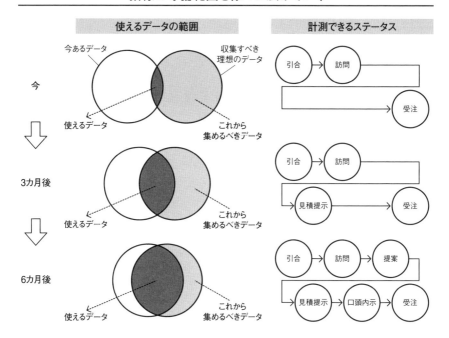

増えていきます。

　このように、データ整備をしつつ、セールス・アナリティクスで利用できる指標の守備範囲を広げていきます。したがって、セールス・アナリティクスは、最初は「今あるデータのみ」ですぐ実施します。

　視点を変えれば、今あるデータで成果が出るのであれば、データ蓄積のための投資や労力への理解が社内で得られ、セールス・アナリティクスの成果が加速する、ということです。

　②の「部署の対象範囲を広げる」とは、**徐々にセールス・アナリティクスを活用する部署を広げていく**ということです。いきなり営業の全部署で実施するのではなく、1つの営業課や1つのグループ、1個人から実施します。

　最初に実施する部署では、セールス・アナリティクスで意地でも成果を出します。丁寧にセールス・アナリティクスを実践すれば、多く場合、成果は必ず出ます。

部署の対象範囲を徐々に広げていく

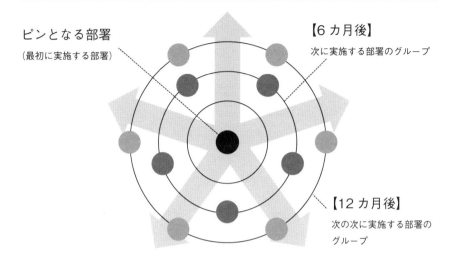

　そのためには、計画（Plan）の立案も、実行（Do）時の情報収集も、統制（See）会議も慎重に丁寧に実施します。最初に実施する部署では、何をやるにしても時間がかかります。

　時間はかかりますが、そのうちその企業に合うセールス・アナリティクスの「型」が見つかります。企業によって微妙にこの「型」は異なります。正直、「型」を見つけるのは試行錯誤になりますが、あきらめなければ、必ずピタッとはまるセールス・アナリティクスの「型」は必ず見つかります。

　その企業にはまるセールス・アナリティクスの「型」が見つかれば、あとは社内展開していくだけです。社内展開も、いきなり営業の全部署に展開するのではなく徐々に展開していきます。

　セールス・アナリティクスを広める初期の頃は、部課長を説得しなければなりません。よく分からないことを快くやってくれる人は少ないからです。

　しかし、隣の部署の営業成績があがれば、多くの部課長は何があったのかと気になります。その営業成績をあげている秘密が、セールス・アナリティクスであることを知れば、やりたくなる部課長が出てきます。

　基本的に、セールス・アナリティクスをやりたいと手をあげた部署から順番に広げていきます。それが途中から、加速度的に広がっていきます。

5章

ケーススタディ

——いかにして営業生産性をあげたのか

事例1 ろくに溜まっていないデータで成果を手にしたベンチャー企業

課題背景

　IT系のツール導入を支援するベンチャー企業です。この企業では、新規顧客の開拓に課題を抱えていました。

　創業間もないということもあり、引合のあったリード（見込み顧客）すべてに全力で営業していました。しかし、中には明らかに受注の見込みの薄いリード（見込み顧客）も含まれていました。

　つまり、営業リソースが限られている中で、受注の見込みの薄いリード（見込み顧客）を追いかけてしまうことが、大きな課題です。

　溜めていたデータをもとに、受注確度の高いリード（見込み顧客）に営業リソースを集中し、効率的な営業ができないかと模索していました。

事例1のテーマ

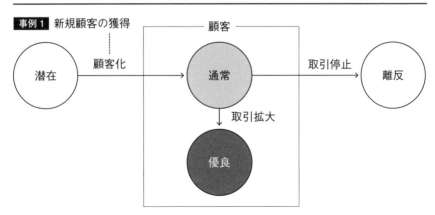

営業関連データ

自社開催セミナーの参加者リスト
- Excelで作成
- 担当者によってフォーマットが異なる
- 参加者の企業名などからCRMと紐づけようと思えば紐づく

CRMのデータ
- 受注登録情報（日付や商材、金額など）
- 上記以外は、入力されていたり、入力されていなかったりするため使えない
- 案件登録は、受注近くなるとされている

データ状況

使うデータは、「自社開催セミナーの参加者リスト」と「CRMのデータ」です。

自社開催セミナーの参加者リストは、Excelで作成されており、担当者によって微妙にフォーマットが異なりました。

CRMのデータは、途中からデータ入力が面倒になったのか、まともに使えそうなデータは「受注登録情報」しかありませんでした。案件登録は、受注しそうになると登録されていました。

このように、データがろくに溜まっていない状況でした。

実施プロセス

セールス・アナリティクスの仕組みの建てつけを、一から丁寧に行ないました。

まずは今あるデータでセールス・アナリティクスができるようにします。都度足りないデータを蓄積しながらセールス・アナリティクスを進化させていきます。このようなアプローチは、一からセールス・アナリティクスを始めるときの王道です。

今回紹介するのは、新規受注にのみ焦点をあてたものになります。

以下の5ステップです。

Step.1 指標設計
Step.2 データ整理
Step.3 今すぐ使えるデータでセールス・アナリティクス実施
Step.4 代替指標の設定
Step.5 代替指標を組み込みセールス・アナリティクス実施
Step.6 新データの蓄積
Step.7 新データを組み込みセールス・アナリティクス実施

Step.1 指標設計

2章で紹介した成果分解とプロセス分解を実施することで、「3種類の指標」(成果指標・ストック指標・フロー指標)を設計していきました。

簡単に受注までのプロセスを説明します。

この企業では、自社開催の有料セミナーを開催していました。このセミナーの参加特典として、無料相談を1回受け付けていました。無料相談後に、

理想の3種類の指標

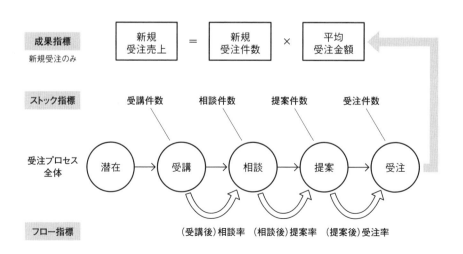

要望に応じて提案を実施し、受注へとつなげます。

あくまでも自社開催の有料セミナーは、この企業の取り扱っているIT系のツールの、基本的な使い方のトレーニングや実務への活用方法を、半日から1日かけて学ぶものです。安定した収入を得るための、日銭稼ぎの意味合いの強いものでした。

しかし調べてみると、過去の受注している優良顧客の多くがこのセミナー受講者でした。そのため、受注プロセスの中に組み込みました。

Step.2 データ整理

定義した指標から「収集すべき理想のデータ」を洗い出し、「今すぐ使えるデータ」と「これから集めるべきデータ」を整理しました。

Step.3 今すぐ使えるデータでセールス・アナリティクス実施

今あるデータをもとに「数字（データ）を生み出す仕組み」と「数字（データ）を活かす仕組み」を構築し、セールス・アナリティクスを運用しました。

今あるデータだけで計算できる指標の設定、受注や収益などを予測する統計モデルの構築、Excelレポートの設計などをして、PDSサイクルを回しま

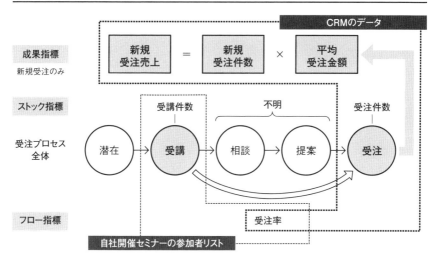

今あるデータで分かること

指標と予測のための統計モデル

成果指標			予測のための統計モデル		
成果指標	ストック指標	フロー指標	成果予測	フロー予測	レコメンド
・受注売上	・受講件数	・受注率	・受注率予測	・受注率予測	（なし）
・受注件数	・受注件数		・受注金額予測		
・平均受注金額					

※成果指標とストック指標の受注件数は同じもの　　※成果予測とフロー予測の受注率予測は同じもの

した。

社長主導でセールス・アナリティクスの活用が進められたことや、今すぐ使えるデータで計算できる指標が少ないということもあり、現場の営業パーソンからの抵抗も少なく受け入れられました。

Step.4 代替指標の設定

セールス・アナリティクスで使える指標を増やすために、本来使うはずだったデータとは別のデータで、一時的な代替指標を設定しました。

現在のCRMデータで使えるのは「受注登録日」だけです。「自社開催セミナーの参加者リスト」と合わせても、「受講」と「受注」のステータスしか分かりません。

そこで、スケジューラー（例：Microsoft Outlook やサイボウズなど）を使い「無料相談をした日」と「提案をした日」を特定することで、「相談」と「提案」のステータスを測定しました。

つまり、本来使うはずだったCRMのデータではなく、スケジューラーのデータを使うことで、「相談」と「提案」のステータスに関係する指標の代替指標を設定したのです。それにより、使える指標が大きく増えました。

しかし、代替指標はスケジューラーを使って計測しているため、CRMのデータに自動的には紐づきません。手作業が発生します。

CRMにデータが溜まるまでスケジューラーで計測

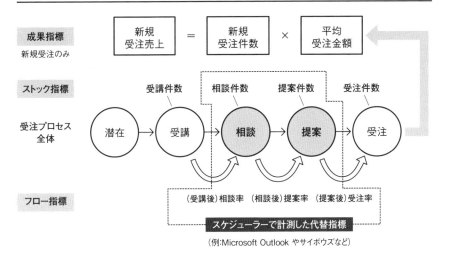

代替指標により使える指標が増加

今までの指標

成果指標	ストック指標	フロー指標
・受注売上 ・受注件数 ・平均受注金額	・受講件数 ・受注件数	・受注率

＋

代替指標

成果指標	ストック指標	フロー指標
	・相談件数 ・提案件数	・(受講後)相談率 ・(相談後)提案率 ・(提案後)受注率

5章 ケーススタディ――いかにして営業生産性をあげたのか | 167

Step.5 代替指標を組み込みセールス・アナリティクス実施

　代替指標をセールス・アナリティクスの中に組み込んで実施しました。

　Step.4 で設定した代替指標の追加、受注や収益などを予測する統計モデルの再構築、Excel レポートの再設計などをし、PDS サイクルを回しました。

　Step.3 の「今すぐ使えるデータでセールス・アナリティクス実施」をベースに少し拡張しただけだったため、現場の営業パーソンから難なく受け入れられました。

Step.6 新データの蓄積

「これから集めるべきデータ」を収集するための基盤の整備をし、日々データ入力してもらうことで蓄積していきました。

　基盤を整備するといっても、すでに導入されている CRM を、Step.1 で定義した指標が計測できるように改修するだけです。問題は、日々のデータ入力です。そこで、3 章で紹介した「データを日々入力してもらう仕掛け」をいくつか実施しました。

　具体的には、「『見られない』から『見られている』に変える」と「『管理』から『便利』に変える」の 2 つの仕掛けです。

「『見られない』から『見られている』に変える」で実施したのは、社長自ら CRM を毎日チェックし、営業パーソンに何かしらのフィードバックを次の日の朝までにしてもらうようにしました。ベンチャー企業で社長の影響力が強いということもあり、非常に効果的でした。

「『管理』から『便利』に変える」で実施したのは、顧客企業訪問後に CRM にデータ入力をする際に、必ず「ネクスト・アクション」（例：提案書作成、見積提示など）と「ToDo」（例：やることリスト）といった「未来に実施すべきこと」を入力するようにしたことです。

　社長からのフィードバックは基本、ネクスト・アクションと ToDo に関するものにしてもらいました。

Step.7 新データを組み込みセールス・アナリティクス実施

新しく取得したデータをセールス・アナリティクスの中に組み込んで実施しました。

Step.5 の「代替指標を組み込みセールス・アナリティクス実施」と同様に、受注や収益などを予測する統計モデルの再構築、Excelレポートの再設計などをし、PDSサイクルを回しました。

Step.3 の「今すぐ使えるデータでセールス・アナリティクス実施」と Step.5 の「代替指標を組み込みセールス・アナリティクス実施」で、成功体験をしたこともあり、現場の営業パーソンにも難なく受け入れられました。

得られた成果

得られた成果は、受注確度の高いリード（見込み顧客）に営業リソースを集中できたこと、10％もなかったリード（見込み顧客）の受注率が50％をやや超えるまでになったこと、そして時間に余裕ができたことです。

受注確度の高いリード（見込み顧客）に集中したため、受注率が高くなるのは当たり前ですが、ポイントは売上や受注件数を減らさず受注率を高めたことです。

つまり、追うリード（見込み顧客）を減らしたのに、売上や受注件数は落ちなかったということです。

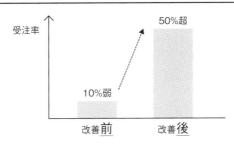

セールス・アナリティクスの成果

成功した要因

うまくいった要因を5つほどあげます。

①今あるデータでとりあえず実施した
②他のデータから代替指標を作り対処した
③少しずつデータを整備して進化させた
④社長が先頭を切って取り組んだ
⑤リード（見込み顧客）選定ルールを作った

リード（見込み顧客）選定ルールとは、以下の2つです。過去の分析結果から導き出しました。

①受注率の予測が80％以上でないリード（見込み顧客）は追わない
②あらかじめ決めた業種のリード（見込み顧客）だけ追う

受注率の予測が80％を切った時点で、きっぱりと営業活動をやめました。時間が余っていても営業活動はしません。ベンチャー企業なので、やらなければならないことは、山のようにあります。将来の収益につながることに時間を割り当てました。そのあたりは徹底しました。

さらに、過去の受注データから業種を1つに絞りました。すべての営業・販売促進活動を、その業種に特化したものに変えたのです。

事例2 怪しいデータなのに離反が減った大手精密機器メーカー

課題背景

　ある大手精密機器メーカーです。ある医療機器の市場で国内トップシェアを誇っています。市場は飽和状態で、他社から既存顧客を奪われないように動くのが営業の主なミッションになっていました。

　つまり、営業パーソンは取引を継続してもらうための活動をします。機会があれば、取引額拡大のためにクロスセルなどを実施します。

　大手企業ということもあり、CRM や BI ツールなどの IT 環境は整っていました。しかし、現場の営業パーソンはあまり活用していません。

　やっていることといえば、営業会議で BI ツールのダッシュボードを眺め、メンバー間で現状を共有するだけです。

　営業会議の中では、既存顧客が「競合に奪われた」とか「競合に奪われそうだ」という報告がなされていました。しかし多くの場合、気づいたときには後の祭りでした。

　現場の営業パーソンは、とくに「競合商材が発売された直後に離反が増えているようだ」とは感じていましたが、営業会議で具体的な対策を議論することはありませんでした。

　そのような状況の中、経営層はビッグデータで既存顧客の離反を減らし、あわよくば年間平均客単価を増やせないだろうか、と考えていました。

　そこで、営業支援をする部署と情報システム部からメンバーが選抜され、「ビッグデータ営業情報推進室」（仮称）が新設されました。

　この「ビッグデータ営業情報推進室」（仮称）では、手始めに CRM デー

5章　ケーススタディ——いかにして営業生産性をあげたのか　171

事例2のテーマ

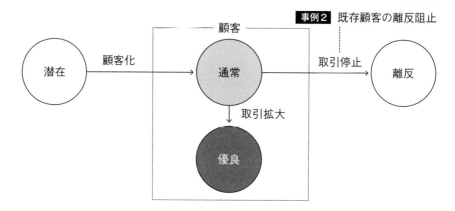

タを使って、既存顧客の離反を阻止できないかと考えました。しかしうまくいきませんでした。

CRMに溜まっているデータが悪いのか？　見るべき指標が悪いのか？　分析の仕方が悪いのか？　何が悪いのか分からず悩んでいました。

データ状況

使うデータはCRMのデータです。基本、営業パーソンが手入力することでデータが溜まっていきます。

CRMのデータを使った取り組みがうまくいかなかった理由は、すぐに分かりました。CRMに蓄積されているデータが怪しいのです。

営業パーソンは、CRMのデータが怪しいことを知っています。営業パーソン自身がCRMにデータ入力しているからです。怪しいと分かっているデータで、どんなに素晴らしい分析をしたとしても、誰も信じてくれません。

だから、うまくいかないのです。

このCRMのデータを、どこまで信じてセールス・アナリティクスに活用してよいのか分からないため、営業パーソンにヒアリングをしました。その結果、「案件登録日」と「受注登録情報」（日付や受注商材、金額など）は、

営業関連データ

CRMのデータ

- 案件登録日
  (日付以外の他の案件登録情報が怪しい)
- 受注登録情報(日付や商材、金額など)
- 受注までのステータス情報も入力されているが、怪しい

ほぼ正しいことが分かりました。

データの状況を簡単に説明します。

案件登録しなければ営業活動を開始できません。人によって2、3日登録が遅れることはあっても、「案件登録日」はほぼ正しいことが分かりました。しかし、登録日以外の案件登録情報が怪しいことも分かりました。

例えば、受注登録時の受注金額が「1億円」と記入されているのに、案件登録時の記入欄には「1円」などと入力されていました。

確かに、案件登録時には受注規模は分かりません。でも、「1円」は酷すぎます。この企業では、1円の商材は販売していません。

「受注登録情報」は営業パーソン自身の成績につながるものです。さらに、出荷指示や請求書の発行など社内手続きが発生するため、遅れるわけにも間違うわけにもいきません。

そのため、「受注登録情報」はほぼ正しいことが分かりました。

実施プロセス

「ビッグデータ営業情報推進室」(仮称)は新設部署ということもあり、社内の発言力が弱く、営業の部署に相手にしてもらえないようでした。

営業の部署から見たら、奇妙な新設部署が、怪しいCRMデータをこねくり回して何かやっているくらいにしか映りません。

営業の部署はどの会社でも社内の力が強く、思い通りには動いてくれません。下品な言い方をすると、「お金のにおい」がしないとなかなか動いてくれません。セールス・アナリティクスを実施するときには、よくあることです。

　多くの営業パーソンは、営業成績をあげたがっています。隣の営業の部署が、セールス・アナリティクスで成果をあげたことを知れば、興味を持ってくれます。場合によっては、「やりたい！」という部課長も出てきます。そして、率先してセールス・アナリティクスを実践してくれます。

　さらに多くの営業パーソンは、できれば「すぐ」に営業成績をあげたがっています。データを溜めるのに時間がかかるようだと、「やりたい！」という熱が冷めてしまいます。

　最初は、ある1つの小さな部署で、今あるデータだけを使い、セールス・アナリティクスを始めます。そして、徐々に使えるデータと実施する部署を増やしていきます。

　要するに、「小さく始めて大きく波及させる」というセールス・アナリティクスの正攻法を忠実に実施したのです。

　問題は、「どの部署からセールス・アナリティクスを始めるのか」です。

　この企業の場合、「ビッグデータ営業情報推進室」（仮称）の室長が営業出身だったこともあり、仲のよい営業課長に協力してもらいました。

　その営業課は、商材カテゴリーによっていくつかのグループに分かれていました。各グループは4〜6名の営業パーソンで構成されています。最初にセールス・アナリティクス活用を実施する部署をこの中から選定しました。

　選んだのは、業績はあまりよくないが、グループリーダーが非常にやる気に満ちているグループでした。

　以下の5ステップです。

Step.1 データ・ネクロマンシーでデータ蘇生
Step.2 蘇生したデータでセールス・アナリティクス実施
Step.3 CRMの入力ルールの整備と運用

Step.4 CRMに溜まったデータでセールス・アナリティクス実施
Step.5 課内の他のグループへ波及

Step.1 データ・ネクロマンシーでデータ蘇生

　主にスケジューラー（例：Microsoft Outlook やサイボウズなど）をもとにヒアリングをしながら、より正確な訪問日と訪問目的のデータを作り、このデータからステータス変更を類推していきました。

　記憶があいまいなところは、メールのやり取りをもとに類推しました。グループのメンバーが4〜6名と少ないこともあり、1週間くらいでデータ・ネクロマンシーは終わりました。

Step.2 蘇生したデータでセールス・アナリティクス実施

　データ・ネクロマンシーで作ったデータを使い、セールス・アナリティクスを実施しました。

　人数が少なく小回りが利き、さらにグループリーダーが積極的だったこと

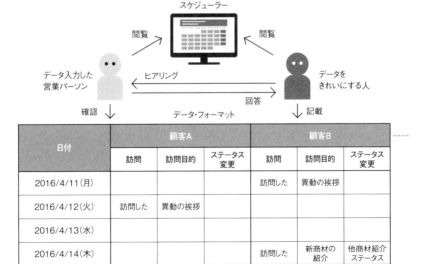

データ・ネクロマンシーで怪しいデータをきれいにする

5章　ケーススタディ——いかにして営業生産性をあげたのか　175

Excelを介してCRMへデータ入力

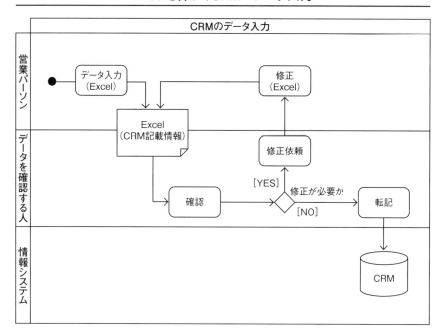

もあり、うまくPDSサイクルは回りました。

　この段階では、CRMではなくExcelのシートにデータ入力してもらいました。データ入力が正しいかどうかをチェックするためと、身近なExcelのほうが馴染みやすいという理由からです。データを正しく入力する練習も兼ねています。

　Excelシートに入力後、メールで共有してもらい、入力が正しいかどうかをチェックします。問題があったときは、できるだけその日のうちに正しい情報に書き換えてもらいます。その後、正しいデータが入力されたExcelシートの内容を、CRMへ転記します。

Step.3 CRMの入力ルールの整備と運用

　直接CRMに入力するためのルールを整備し、CRMにデータ入力してもらいました。

　Step.2でしていたデータ入力を、ExcelにではなくCRMに変えるだけです。

そのための入力ルールを整備し、営業パーソンをトレーニングしました。対面の社内研修を実施し、データ入力の際の疑問や不安点を解消するようにしました。

ここで1つ、注意点があります。間違っても、入力ルールやトレーニングの資料などをメールで配信したり、社内共有フォルダに保存し読むようにメールで指示したり、社内掲示板に共有したりして終了といった、乱暴なことはやめましょう。

私の印象では、情報システム部などのIT系の部署やITに強い人ほどやりがちです。とくに対面を重んじる営業パーソンから見たら、CRMへのデータ入力はその程度のものだと勘違いされかねません。

Step.4 CRMに溜まったデータでセールス・アナリティクス実施

Step.2 でやっていたExcelをベースにしたセールス・アナリティクス活用を、CRMをベースにしたセールス・アナリティクス活用にしただけです。

Step.3 の段階で、手ごたえが感じられたため、データをチェックする専任のグループ（最初は1名で、後に5～6名ほどになった）を立ち上げ、とくに企業名や人名の入力が正しいかどうかをチェックするようにしました。問題があったときは、できるだけその日のうちに正しい情報に書き換えてもらいます。

Step.5 課内で他のグループへ波及

1年間の成果をまとめ、セールス・アナリティクスの活動を課内で波及させます。その先には、課内だけでなく営業部全体、営業本部全体、他の営業本部へと波及させていきます。

実際は、Step.5 に行く前に、興味を持った他の2グループが途中からセールス・アナリティクスの活動に参加してくれました。つまり、波及活動をする前にある程度、課内では波及していました。

このように、セールス・アナリティクスは、近い部署で成果が出始めると、

5章　ケーススタディ──いかにして営業生産性をあげたのか　177

興味を持って参加してくれる部署が出てきます。セールス・アナリティクスではよくあることです。

このケースでは、グループリーダーが積極的であり、楽しそうに活動し、実際に成果をあげていった、というリーダーの要因が大きかったようです。

最初の部署の選定は、商品やサービスといった商材で選びがちですが、リーダーで選んだほうがうまくいきます。最初に選定した部署のリーダー次第で、セールス・アナリティクスの社内波及のスピードが大きく左右されるからです。

得られた成果

得られた成果は、CRMデータがきれいになったこと、CRMデータを営業パーソンが怪しまなくなったこと、そして離反率が半減したことです。

成功した要因

うまくいった要因を5つほどあげます。

①今あるデータでとりあえず実施した
②データを日々入力するための工夫をした
③リーダーのやる気が高く人望もあった

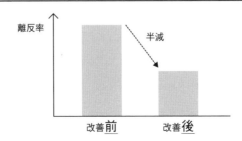

セールス・アナリティクスの成果

④統制（See）会議に持ち寄る「営業パーソンの情報」が良質だった
⑤離反顧客の明確な傾向をつかめた

　この事例では想像以上に、PDSサイクルの統制（See）会議に持ち寄られた「営業パーソンの情報」が大きく離反率低下に寄与しました。
　競合商材が出た後の市場の反応を、個々の営業パーソンが現場から拾ってきてくれました。既存顧客の反応もあれば、業界誌や新聞記事、ビジネス・イベントなど、個々の営業パーソンが集めた情報です。
　その情報（事実）をどのように感じたのか（解釈）を全員で共有後、どうすべきかを統制（See）会議で話し合いました。今までなかったことでした。

　さらに、データ・ネクロマンシーでデータを復活することで、離反顧客の明確な傾向がつかめたことも大きな成功要因です。
　顧客への訪問回数が圧倒的に少なかったり、訪問間隔が空きすぎると、ほぼ離反されるということが分かりました。
　当たり前といえば当たり前です。競合他社が積極的に営業をしている状況で、ほったらかしにしたら顧客は奪われます。どのくらいの訪問間隔で、どの程度訪問し、どのような情報提供をすれば離反されないのかが見えてきました。
　他にも、「新しく名刺交換した回数」や「折り返し連絡するまでの時間」など、いくつか離反と密接に関係している営業・販売促進活動が分かりました。

5章　ケーススタディ──いかにして営業生産性をあげたのか　179

事例3 ばらばらのデータを融合し、客単価をあげた部品専門商社

課題背景

　ある部品専門商社です。製造業向けに多くの機械部品を扱っています。商品の種類が多いのが特徴です。

　既存顧客に対し、他の商品を紹介し受注することで、年間の取引額を拡大して平均客単価をあげるのが、営業パーソンに課せられた主なミッションでした。

　商品の種類が多いので、営業パーソンはすべての商品を知っているわけではありません。そのため、この企業では早くからIT化に取り組んでいました。

　さらに、営業・販売促進活動をサポートするためにMAやCRMなども導入されていました。

　サイト上では商品の詳細資料のダウンロードや問い合わせなどもでき、さらに商品を購入もできます。ビジネス・イベントなどにも積極に出展し、マーケティング活動に余念がありません。

　この企業には、いろいろなデータが溜まっていました。しかし、溜まりっぱなしで、有効に活用できていません。

　そこで、蓄積されたデータ同士を連携することで、既存顧客への提案漏れによる機会損失を減らし、取引額を拡大し、年間の客単価をあげられないだろうかと模索していました。

事例3のテーマ

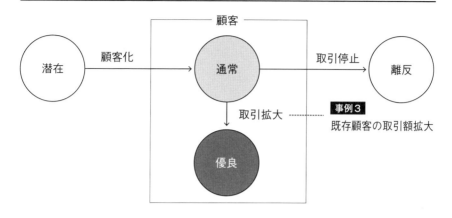

データ状況

　使うデータは、「サイトのアクセスログ」「MAのデータ」「CRMのデータ」「出展したビジネス・イベントの参加者リスト」の4点です。

　サイト上で会員登録すると会員IDが発行され、この会員IDをもとにサイトのアクセスログとMAのデータ、CRMのデータは紐づきます。

　しかし、サイトのアクセスログは、サイト上でログインしないと紐づきません。そのため、ほとんどのデータが会員IDと紐づいていませんでした。

　幸いにも、アクセスログからサイト訪問者のIPアドレスを確認することができ、このIPアドレスから企業名を特定できます。会員IDのような個人単位ではなく、会社単位であればMAやCRMのデータとも紐づきました。

　サイトのアクセスログから、サイト訪問者がどの商品ページを見たのかが分かります。商品ページを時間をかけて見ていれば、興味がありそうだと推測できます。さらに、同じ企業のサイト訪問者が、日をまたいで何度もその商品ページを見ているならば、競合品と比較検討しているかもしれないと推測できます。

　MAは、現状それほど使いこなしていませんでした。会員登録したリード（見込み顧客）や既存顧客にメルマガを配信しているだけでした。

営業関連データ

サイトのアクセスログ
- ログインすると会員IDと紐づく
- 商品の閲覧履歴が分かる
- 商品の詳細資料のダウンロードや問い合わせ、購入ができる
- IPアドレスから企業名を特定

MAのデータ
- メルマガ関連と企業関連のデータしかない
- 会員IDと紐づいている
- サイトのアクセスログと絡めることで、メルマガ開封やメルマガ内のリンクのクリック、その後のサイト内の動きなどが分かる

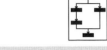

出展したビジネス・イベントの参加者リスト
- Excelで作成
- 担当者によってフォーマットが異なる
- MAとは連携されていない
- 参加者の企業名などから会員IDと紐づけようと思えば紐づく

CRMのデータ
- 会員IDと紐づいている
- 案件登録情報（日付や商材、金額など）
- 受注登録情報（日付や商材、金額など）
- 受注までのステータス情報
- 営業・販売促進活動はメモ書き程度

　本来であれば、MAなので、出展したビジネス・イベントの顧客の参加状況とも紐づいていればうれしいのですが、紐づいていませんでした。

　サイトのアクセスログと合わせることで、どの会員IDにどのようなメルマガを送付したのか、メルマガは開封されたのか、メルマガ内のリンクをクリックしたのか、サイト内でどの商品のページを閲覧したのかなどが分かります。

　出展したビジネス・イベントの参加者リストは、MAとは別にExcelで作成されていました。

実施プロセス

　10数年前、この企業では全社的なバランススコアカードの導入がなされました。バランススコアカードとは、業績評価をするための「指標」を用いた経営管理手法です。

このとき、「営業・販売促進活動に関する指標」も設計されていました。営業・販売促進活動は、その指標で管理・運営されていました。そういう意味で、「セールス・アナリティクスがある程度実施されていた」ともいえます。

さらに、サイトのアクセスログと MA のデータ、CRM のデータ、出展したビジネス・イベントの参加者リストなど、それなりにデータは溜まっていました。

そのため、セールス・アナリティクスの仕組みを一から建てつけるというよりも、今あるものをベースに、よりよいものにすることを目指しました。

具体的には、現状実施していることに、統計モデルを導入し「予測」という視点を付け加えました。

以下の 5 ステップです。

Step.1 指標を再設計
Step.2 商品レコメンドのための数理モデルを構築
Step.3 商品レコメンドを組み込みセールス・アナリティクス実施
Step.4 受注予測のための統計モデルを構築
Step.5 受注予測を組み込みセールス・アナリティクス実施

Step.1 指標を再設計

セールス・アナリティクスの視点で指標を再設計しました。

かなり吟味された指標がすでにありました。しかし、フロー指標が抜け落ちていたので、追加しました。

Step.2 商品レコメンドのための数理モデルを構築

「既存顧客に勧めるべき商品」を知るための数理モデル（協調フィルタリング）の構築をしました。

現場の営業パーソンの要望が高かったのが、この「商材レコメンド・リスト」でした。

5章　ケーススタディ──いかにして営業生産性をあげたのか　183

レコメンド商品リスト

顧客	推奨一覧	
	カテゴリ	品番
(株)ABC	集積回路	IC-TA098729-272
(株)ABC	集積回路	IC-TB641892-761
(株)ABC	圧力センサ	PR-ML51904-029
XYZ(株)	アイソレータ	IS-EQ102938-546

Step.3 商品レコメンドを組み込みセールス・アナリティクス実施

Step.2 で構築した商品レコメンドのための数理モデルを、セールス・アナリティクスの中に組み込んで実施しました。

担当している顧客ごとの「レコメンド商品リスト」を、営業パーソンに配布します。そのリストを参考にしながら、営業パーソンは既存顧客に対し商品を紹介します。

Step.4 受注予測のための統計モデルを構築

既存顧客に対する受注率と受注金額などの受注予測のための統計モデルを構築しました。

Step.5 受注予測を組み込みセールス・アナリティクス実施

Step.4 で構築した受注予測のための統計モデルを、セールス・アナリティクス活用の中に組み込んで実施しました。

統計モデルで予測した受注率や受注金額などは、営業パーソンに配布する「レコメンド商品リスト」に追加情報として記載します。

得られた成果

得られた成果は、最初にセールス・アナリティクスを実施した部署で平均客単価が前年比150％と大幅に増えたこと、2年目も前年比135％と順調に

セールス・アナリティクスの効果

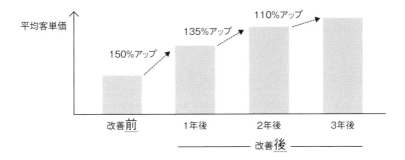

増え、3年目には前年比110％と落ち着いてきました。

成功した要因

うまくいった要因を5つほどあげます。

①今あるデータでとりあえず実施した
②今まで使っていた指標をベースにした
③数理モデルは要望の高いものから順番に構築した
④数理モデルを使うことで提案する商品が増えた
⑤数理モデルで提案タイミングをつかめた

※この数理モデルとは、予測のための統計モデルとレコメンドのための協調フィルタリング

　商品の種類が多く、すべての商品を営業パーソンが知るのには限界があります。その中から、次に勧めるべき商材を探すのは大変です。
　そこで、数理モデル（協調フィルタリング）で機械的に「レコメンド商品リスト」を出力することで、今まで気づかなかった商材を勧めることができるようになりました。

　さらに、レコメンド商品リストに掲載されている受注率の数字の変化から、今勧めるべきかどうかの判断がつくようになりました。つまり、受注率

が上昇してきたタイミングを逃さず、営業を仕掛けることができます。

　例えば、「受注率が８％だから、今勧めるのはよそう」「受注率が90％になったから、今度勧めてみよう」といった感じです。

受注率の予測値などの変化量から営業のタイミングをはかる

予測値は顧客行動（例：サイトから商品詳細情報をダウンロード、他商品の購買行動など）などで日々変化する

顧客	推奨一覧		受注率の予測値		
	カテゴリ	品番	先々月末	先月末	変化量
（株）ABC	集積回路	IC-TA098729-272	14%	21%	+7ポイント
（株）ABC	集積回路	IC-TB641892-761	9%	7%	-2ポイント
（株）ABC	圧力センサ	PR-ML51904-029	8%	90%	+82ポイント
XYZ（株）	アイソレータ	IS-EQ102938-546	32%	35%	+3ポイント

【今月】
受注率が大幅に増加したので（株）ABCに
圧力センサPR-ML51904-029を積極的に勧めてみる

付録

1

はじめての 「無料分析ツールR」 の使い方

　最近、「R」というフリーのデータ分析ソフトウェアが注目を浴びています。注目される理由として、例えば、以下の3つがあります。

①無料である
②参考書籍がたくさんある（自習できる）
③最新の分析手法が使える

　そのため、データ分析の初学者から研究機関の研究者、データ分析従事者まで、いろいろな分野の人が世界中で利用しています。
　付録1では、まずRのインストールの方法を説明します。次にRを使いやすくするRStudioのインストール方法と、利用できる分析手法などを増やすパッケージのインストール方法を説明します。
　その後、RStudioを使ったデータの読み込みの仕方、簡単な分析例を紹介します。
　Rは基本的な統計手法などは最初から使えますが、特別な分析手法やデータ変換などをやりやすくするパッケージは、必要の都度インストールして使います。

※2017年1月1日時点の情報です。

1 ツールのインストール

■ Rのインストール

Rのインストール方法を説明します。

インターネットでRのサイト（https://cran.r-project.org/）にアクセスします。すると、次のようなページが開きます（2017年1月1日現在）。

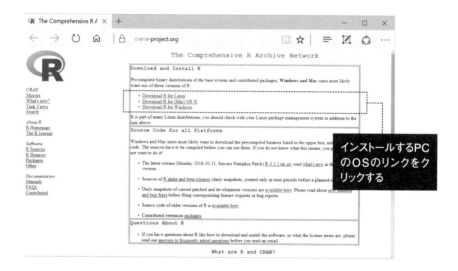

例えば、インストールするPCがMicrosoftのWindowsの場合、「Download R for Windows」と書かれたリンクをクリックすると、次のようなページが開きます。

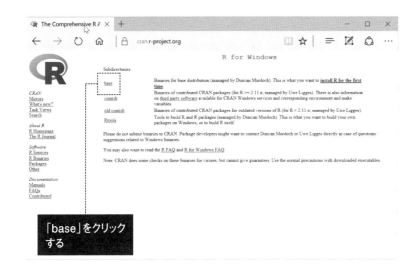

「base」と書かれたリンクをクリックすると、次のようなページが開きます。

2017年1月1日の時点では、「Download R 3.3.2 for Windows」と書かれたリンクをクリックしダウンロードします。ダウンロードするファイルは「R-3.3.2-win.exe」です。

ダウンロードしたらPCへのインストールを開始します。「R-3.3.2-win.

exe」をダブルクリックすると、次のような言語選択の画面が表示されます。

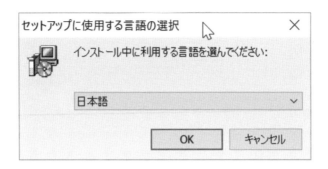

　言語を選択し「OK」ボタンをクリックします。Rのセットアップウィザードが開始されます。指示に従ってインストール作業を続けます。
　インストールが終了すると、次のような画面が表示されます。「完了」を

クリックして終了です。

　これでインストールは完了です。

　ちなみに、インストールしたRを起動すると、次のような画面が表示されます。Rのコンソールです。

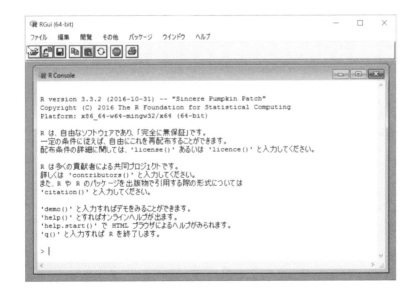

■RStudioのインストール

Rを使いやすくするRStudioのインストール方法を説明します。

インターネットでRStudio（https://www.RStudio.com/）にアクセスします。すると、次のようなページが開きます（2017年1月1日現在）。

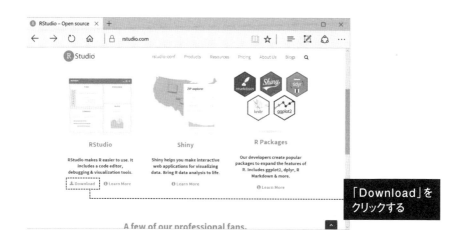

RStudioの「Download」と書かれたリンクをクリックすると、次のようなページが開きます。

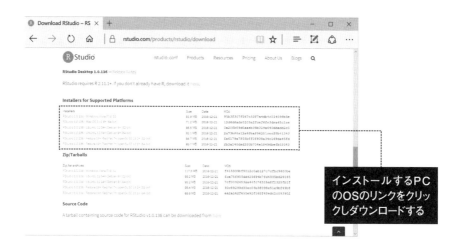

例えば、インストールするPCがMicrosoftのWindowsの場合、2017年1月1日の時点では、「RStudio1.0.136-Windows Vista/7/8/10」と書かれたリンクをクリックしダウンロードします。ダウンロードするファイルは「RStudio-1.0.136.exe」です。「RStudio-1.0.136.exe」をダブルクリックすると、RStudioのセットアップウィザードが開始されます。指示に従ってインストール作業を続けます。

インストールが終了すると、以下のような画面が表示されます。「完了」をクリックして終了です。

これでインストールは完了です。

ちなみに、インストールした RStudio を起動すると、次のような画面が表示されます。

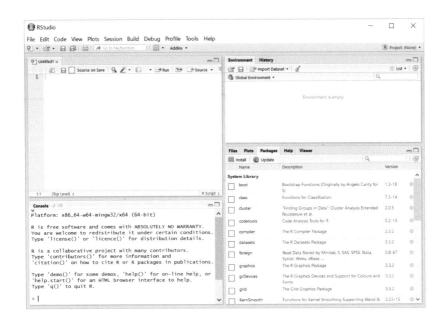

RStudio の画面は、4つのウィンドウ・ペインで分割されています。左上が、「Rの命令文のソース」や「データ」。左下が、「Rのコンソール」。右上が、「Enviroment」など。右下が、「Pakages」や「Plots」などです。「Tools」のオプションからウィンドウズ・ペインをカスタマイズすることができます。

■ パッケージのインストール

R と RStudio をインストールしたら、使用する分析手法に応じてパッケージをインストールします。

基本的な統計手法は最初から使えるので、パッケージをインストールしなくても問題ありません。今回は、付録2で使用するパッケージの1つを使って、インストールする手順を説明します。

付録2で使用するパッケージは、以下の5つです。

① glmnet
② recommenderlab
③ reshape2
④ maptools
⑤ dummies

①の「glmnet」は、受注率や受注期間、受注金額、離反率などを予測する統計モデルを構築するのに使います。「glmnet」で構築するのは、線形回帰モデルを拡張した「罰則付き回帰モデル」というものです。

②の「recommenderlab」は協調フィルタリング用のパッケージで、次に勧めるべき商材を予測（レコメンド）するのに使います。

③の「reshape2」は、データ変換用のパッケージです。クロス集計（Excelのピボットテーブル）などをするのに利用できます。今回は、簡便法による予測のときに使用します。

④の「maptools」は、マップ作成用のパッケージです。今回は、作成したマップにテキストのラベルをつけるのに使います。

⑤の「dummies」は、ダミー変数を作るためのパッケージです。今回は、統計モデルを構築するときに使います。

では、①の「glmnet」を例に、パッケージのインストール方法を説明していきます。他のパッケージのインストール方法も同じですので、ぜひインストールしておきましょう。

RStudio の右下に「Pakages」というタブがあるので、クリックします。「Install」というボタンが表示されるので、クリックします。

付録1　はじめての「無料分析ツール R」の使い方　195

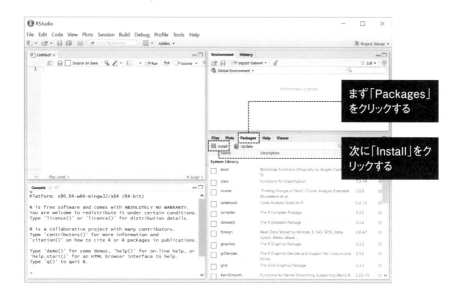

「Install」というボタンをクリックすると、インストールするパッケージ名を入力する「ダイアログボックス」が表示されます。

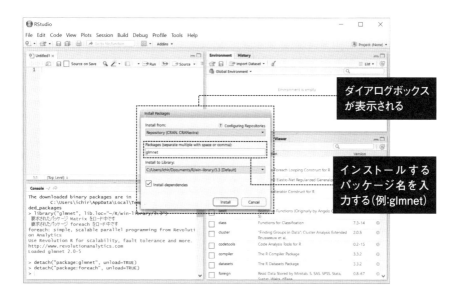

「ダイアログボックス」に「glmnet」とパッケージ名を入力します。「ダイアログボックス」の右下にある「Install」ボタンをクリックします。これでインストールが開始されます。

これでパッケージのインストールは完了です。

ちなみに、インストールしたパッケージを使うときは、右下のチェックボックスに「☑（チェック）」を入れて使用します。

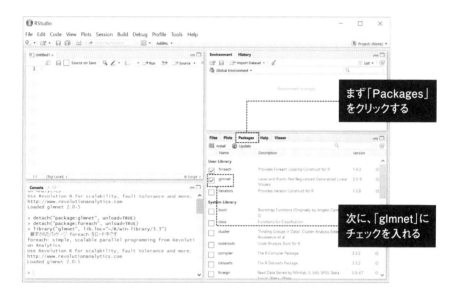

付録1　はじめての「無料分析ツールR」の使い方　197

2 RStudioの超基本

■ プロジェクト構築

　RStudioでは、「プロジェクト」という単位でデータ分析を実施します。RStudioを通してRを操作するため、Rを直接操作して分析することはありません。
　まずは、RStudioの「プロジェクト」を構築するところから始めます。
　RStudioを起動し、次の画面のように「File」の「New Project」をクリックします。

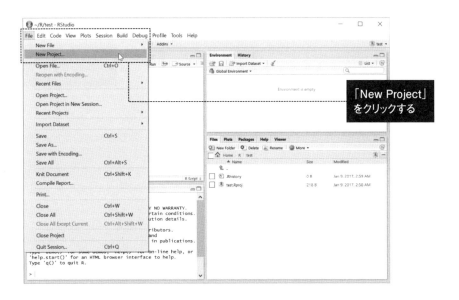

　「New Project」をクリックすると、次のような画面が表示されます。新しいプロジェクトを構築するときは、「New Directory」を選択します。

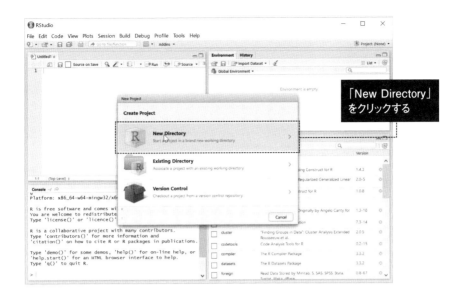

「New Directory」をクリックすると、プロジェクトのタイプを選択する画面が表示されます。「Empty Project」を選択します。

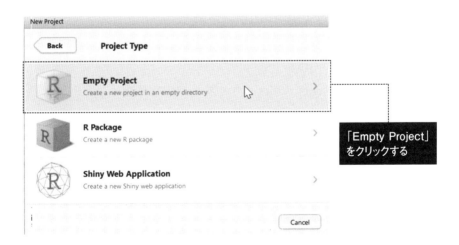

「Empty Project」をクリックすると、プロジェクト名を入力する「ダイアログボックス」が表示されます。

付録1　はじめての「無料分析ツールR」の使い方 | 199

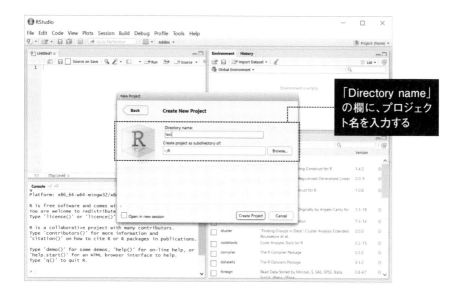

「Directory name」の欄に、プロジェクト名を入力し、右下の「Create Project」ボタンをクリックして完了です。

デフォルトでは、プロジェクトを構築する場所は「~/R」となっています。変更したい場合は、「Create project as subdirectory of」の欄を書き換えてください。

今回の例では、「Directory name」の欄に「test」（プロジェクト名）、「Create project as subdirectory of」の欄に「~/R」（つまり、書き換えずそのまま）でプロジェクトを構築しています。

プロジェクトの構築が完成すると、「~/R」に「test」フォルダが作成され、次の画面のようになります。

今回の分析は、このプロジェクト上で進めていきます。

ちなみに、RStudioのプロジェクトを開くときは、「File」の「Open Project」をクリックし、プロジェクトを選択し開きます。

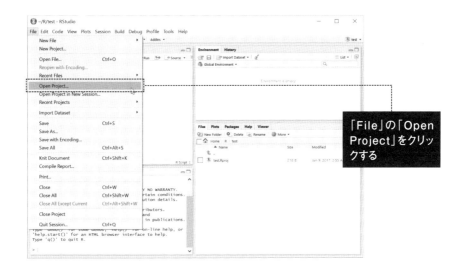

■RStudioによるデータの読み込み

分析をするためにはデータを読み込まなければなりません。RStudioのプロジェクト「test」のフォルダからExcelファイル「revenue_profit.xlsx」を読み込む例で説明します。

Excelファイルのデータを読み込むには、RStudioの右上にある「Environment」の「Import Dataset」をクリックします。いくつかのファイル形式を選択できるようになっているので、その中から「From Excel」をクリックし選択します。Excelファイル以外では、CSVファイルやSPSSファイル、SASファイル、StataファイルなどがMっ選択できます。

付録1　はじめての「無料分析ツールR」の使い方　201

今回読み込むExcelファイル

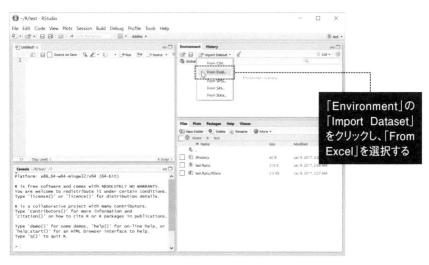

「Environment」の「Import Dataset」をクリックし、「From Excel」を選択する

「From Excel」をクリックし選択すると、読み込むデータを指定する「ダイアログボックス」が表示されます。

「ダイアログボックス」の右上にある「Browse」ボタンをクリックし、読み込むExcelファイルを選択します。次に、「ダイアログボックス」の左下

にある「Sheet」で読み込むExcelシート名を指定し、「Name」でその読み込んだデータに名前をつけます。「ダイアログボックス」の真ん中に「読み込むデータ」の一部が表示されます。

　例では、読み込むExcelファイルは「revenue_profit.xlsx」、読み込むデータのExcelシート名は「revenue-and-profit-rate」、読み込んだデータの名前は「data01」です。読み込んだデータは、RStudio内では、「data01」という名前で使用します。
「ダイアログボックス」の右下にある「Import」ボタンをクリックすると、データを読み込みます。

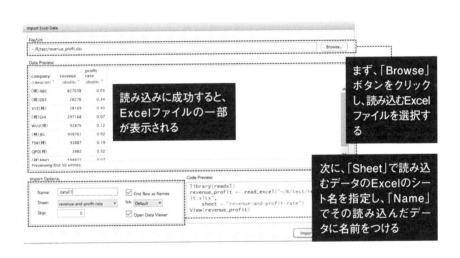

　読み込みが終了すると、次の画面のように、読み込んだデータである「data01」が「Enviroment」に表示されます。この表示された「data01」をクリックすると、左上に「data01」のデータの内容の一部が表示されます。

　これでExcelファイルからのデータの読み込みは完了です。

　ちなみに、RStudioの左上のウィンドウ・ペインにはRで実行する「命令文」を記入し、そのパネルの上にある「Run」ボタンを押すことで命令文が

付録1　はじめての「無料分析ツールR」の使い方　203

実行（Run）されます。RStudio の左下のウィンドウ・ペインに実行結果が表示されます。

例えば、「data01」と記入し「Run」ボタンをクリックすると、「data01」の内容がそのまま RStudio の左下のウィンドウ・ペインに表示されます。

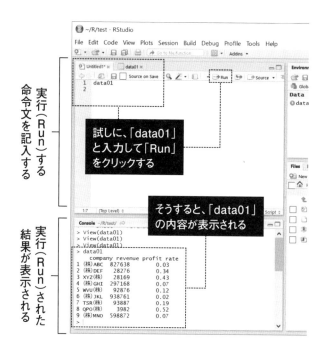

3 簡易分析例

■変量の特徴（平均値・標準偏差など）

先ほど読み込んだ「data01」の「revenue」（2列目のデータ）と「profitrate」（3列目のデータ）に対し、以下の5つの数字を出していきます。

①平均値
②最大値
③最小値
④レンジ（最大値－最小値）
⑤標準偏差

まず「data01」の列や行、セルのデータへのアクセス方法を説明します。

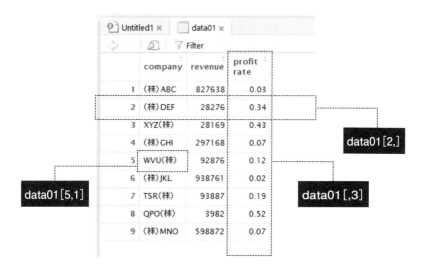

例えば、「data01」の5行目の1列目のセルのデータにアクセスするには「data01［5,1］」と記入します。「data01」の２行目のすべてのデータにアクセスするには「data01［2,］」と記入します。「data01」の３列目のすべてのデータにアクセスするには「data01［,3］」と記入します。

　試しに、データにアクセスできているか確認してみましょう。

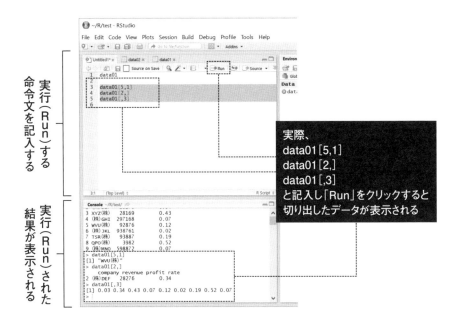

　今回は、「data01［,2］」と「data01［,3］」の列の平均値や標準偏差などを計算します。
　5つの数字は、以下の命令文で計算できます。

①平均値　mean（）
②最大値　max（）
③最小値　min（）
④レンジ（最大値－最小値）　max（）-min（）
⑤標準偏差　sd（）

RStudio の左上のウィンドウ・ペインに次のような命令文を記入し、「Run」ボタンをクリックすると、平均値や標準偏差などが計算されます。

```
mean(data01[,2])
max(data01[,2])
min(data01[,2])
max(data01[,2])-min(data01[,2])
sd(data01[,2])

mean(data01[,3])
max(data01[,3])
min(data01[,3])
max(data01[,3])-min(data01[,3])
sd(data01[,3])
```

　計算結果は、RStudio の左下にあるウィンドウ・ペインに表示されます。

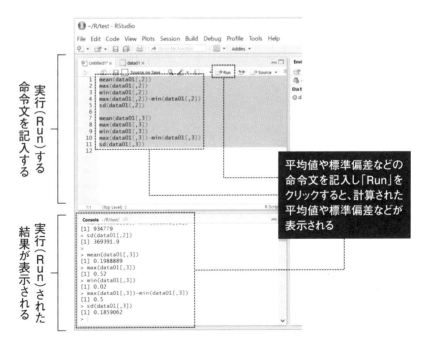

付録1　はじめての「無料分析ツールR」の使い方　207

■変量の関係（散布図・相関係数など）

「data01」の「revenue」（2列目のデータ）と「profitrate」（3列目のデータ）で散布図を描き、さらに相関係数を計算します。

散布図を描く命令文は「plot（）」です。RStudioの左上のウィンドウ・ペインに次のような命令文を記入し、「Run」ボタンをクリックすると、RStudioの右下のウィンドウ・ペインの「Plots」に、散布図が描画されます。

```
plot(data01[,2],data01[,3])
```

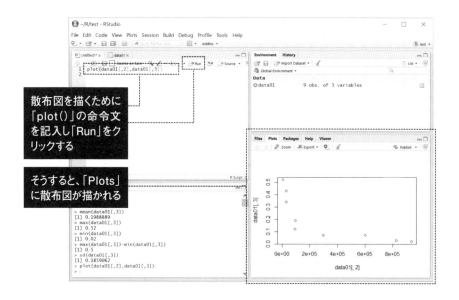

このままでは分かりにくいので、散布図にタイトルなどを一緒に描画するとよいでしょう。以下のように「plot（）」の命令文を書き換えます。

```
plot(
data01[,2],
data01[,3],
main='売上(横軸)と利益率(縦軸)の散布図',
xlab='売上',
ylab='利益率'
)
```

「main」は散布図のタイトル、「xlab」は横軸のラベル、「ylab」は縦軸のラベルです。

「Run」ボタンを押し実行(Run)すると、次にような散布図が描かれます。

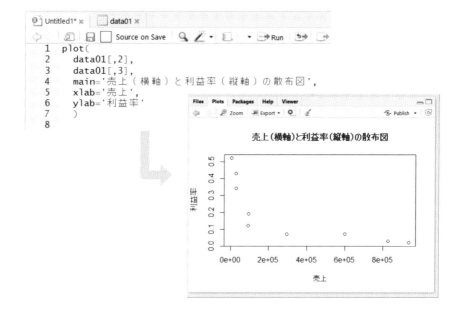

描画した散布図を保存するときは、描画した図の上にある「Export」をクリックし、保存形式を選択して保存します。

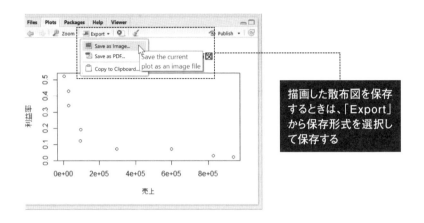

　散布図を見る限り、売上（取引額）が大きいほど利益率が悪い傾向が見て取れます。負の相関がありそうです。
　実際に相関係数を計算してみましょう。相関係数を計算する命令文は「cor()」です。RStudio の左上のウィンドウ・ペインに次のような命令文を記入し「Run」ボタンをクリックすると、RStudio の左下のパネルに相関係数が出力されます。

---

cor(data01[,2],data01[,3])

　出力結果を見ると、相関係数は「-0.7637456」と負の相関になっています。つまり、売上（取引額）の大きい顧客ほど利益率の悪い取引をしていることが分かります。

　では、売上（取引額）の大きい顧客と小さい顧客では、利益率にどのくらい差があるのでしょうか。
　売上（取引額）の大きさで顧客を「大・中・小」に分類し、利益率の平均

値を出してみます。

そこで、以下のように分類しました。

・売上大　売上（取引額）が1億円以上
・売上中　売上（取引額）が5,000万円以上1億円未満
・売上小　売上（取引額）が5,000万円未満

「data01」の「revenue」のデータは「千円単位」です。したがって、以下のようになります。

・売上大　「revenue」が100000以上
・売上中　「revenue」が50000以上100000未満
・売上小　「revenue」が50000未満

売上（取引額）の「大・中・小」を記録する新たな変数を「data01」に作ります。「data01」には、すでに「company」「revenue」「profitrate」の3つの変数があるので、4番目の変数になります。今回は「Rank」と名付けました。

RStudioの左上のパネルに、以下の命令文を記入し「Run」ボタンをクリックします。

```
data01[,4] <- 1
data01[,4] <- data01[,4] +ifelse(data01[,2]<100000,1,0)
data01[,4] <- data01[,4] +ifelse(data01[,2]<50000,1,0)
colnames(data01)<-c('company','revenue','profit rate','Rank')
```

まず「data01［,4］<- 1」とすることで、data01［,4］のデータはすべて「1」の値が入力されます。このとき4番目の変数が自動的に作られます。

次に、「data01［,2］<100000」のときに「1」を追加し、さらに「data01［,2］<50000」のときに「1」を追加します。

つまり、以下のようになります。

・売上大　data01［,4］の値が「1」
・売上中　data01［,4］の値が「2」
・売上小　data01［,4］の値が「3」

ここで使った命令文「ifelse（）」について簡単に補足します。

命令文「ifelse（）」は条件を満たしたときと満たしていないときに、別の処理をします。

例えば「ifelse（data01［,2］<100000,1,0）」は、100000未満のときに「1」となり、100000未満でないとき（100000以上のとき）に「0」となります。

「colnames（）」命令文で、「data01」に新しい変数名を再定義します。

次の図のように、実際に「data01」が新しくなったのか確かめましょう。

212

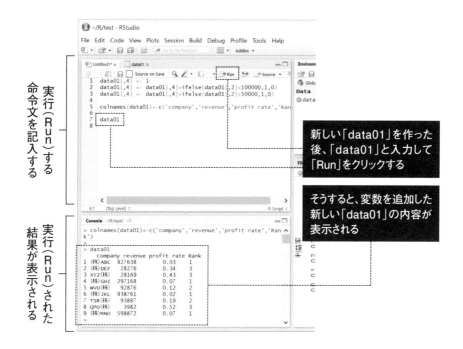

　このデータを使い、売上（取引額）大・中・小別の、利益率の平均値を出してみます。

　売上（取引額）大・中・小の顧客を識別するデータは「data01［,4］」つまり変数「Rank」、利益率のデータは「data01［,3］」つまり変数「profitrate」です。

　命令分「by（）」を使い「data01［,4］別のdata01［,3］の平均値」（Rank別profitrateの平均値）を出します。記入する命令文は次のようになります。

```
by(data01[,3],data01[,4],mean)
```

　「Run」で実行すると、次のように「売上（取引額）大・中・小別の利益率の平均値」が出力されます。「mean」は平均値のことを指します。

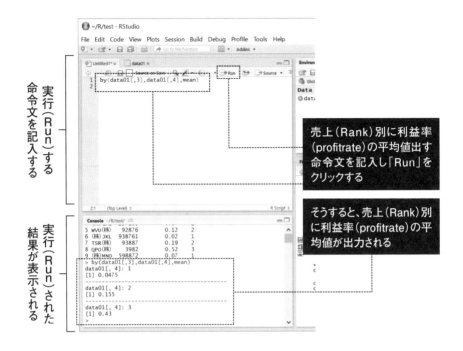

　数字だけだと分かりにくいので、棒グラフで描いてみます。
　棒グラフで描くときは、命令文「barplot()」を使います。命令文は次のようになります。

---

barplot(by(data01[,3],data01[,4],mean))

　「Run」で実行すると以下のような、売上（取引額）大・中・小別の、利益率の平均値の棒グラフが出力されます。

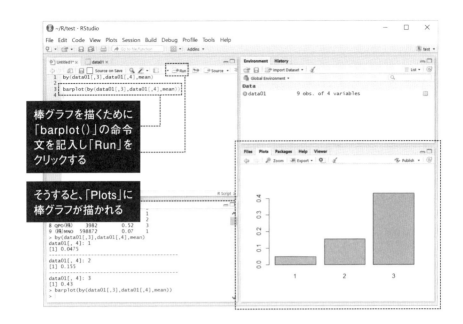

　これだと味気がないので、例えば次のように命令文「barplot ()」を書き換えて出力してみます。

```
barplot(
by(data01[,3],data01[,4],mean),
main="売上(取引額)別 利益率",
xlab="売上(取引額)の規模",
ylab="利益率",
names.arg=c("大","中","小")
)
```

「Run」で実行すると、以下のようなタイトルなどが記載された棒グラフが出力されます。

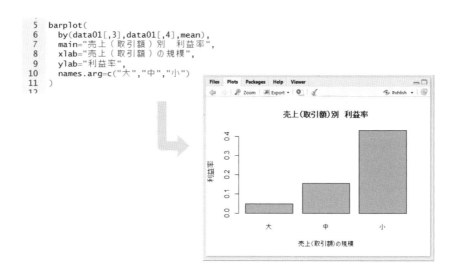

平均値などの集計値をまとめて出力するとき、命令文「by()」よりも命令文「tapply()」のほうが便利です。「data01[,4]別のdata01[,3]の集計値」(Rank別profitrateの集計値)を出すときは、次のように記載します。

```
Rank_mean <- tapply(data01[,3],data01[,4],mean)
Rank_max <- tapply(data01[,3],data01[,4],max)
Rank_min <- tapply(data01[,3],data01[,4],min)
Rank_range <- Rank_max-Rank_min
Rank_sd <- tapply(data01[,3],data01[,4],sd)

Rank_stat <-
cbind(Rank_mean,Rank_max,Rank_min,Rank_range,Rank_sd)

rownames(Rank_stat) <- c('Rank 1','Rank 2','Rank 3')
```

命令文「cbind ()」で各集計結果を結合することで、以下のように集計結果を一覧表にすることができます。命令文「rownames ()」は、行に名前を再定義するときに使います。

	Rank_mean	Rank_max	Rank_min	Rank_range	Rank_sd
Rank 1	0.0475	0.07	0.02	0.05	0.02629956
Rank 2	0.1550	0.19	0.12	0.07	0.04949747
Rank 3	0.4300	0.52	0.34	0.18	0.09000000

付録

2

Rを使った予測
（簡便法と統計モデル）

　Rを使った予測の方法について説明します。今回紹介するのは、集計ベースの簡便法と統計モデルを使った2つの予測方法です。

　最後に、協調フィルタリングを使った、次に勧めるべき商材の予測（レコメンド）について話します。

※2017年1月1日時点の情報です。

1 簡便法による予測

　最も簡単な予測方法は、業種などで集計した値を予測値として利用する方法です。集計そのものは、Excelのピボットテーブルなどを使うことで簡単に計算できます。

　ここでは、Rを使った場合の方法を説明します。Rのパッケージ「reshape2」を使うことで、Excelのピボットテーブルのような集計ができます。

■ 受注率を予測する

　以下の、新規受注までのプロセスを記録したデータ（process_data.csv）を使います。このデータは、最終的に受注したのか失注したのか、白黒はっきりしたデータのみです。

以下の12変数からなるデータです。

No	データ項目名	説明
1	企業ID	リード（見込み顧客）を識別するID
2	業種ID	業種を識別するID （例）1:製造業、2:小売業、3:建設業など
3	企業規模ID	企業規模を識別するID （例）1:大企業、2:中小企業など
4	登録日	ステータスが登録された日付
5	ステータスID	登録されたステータス 1:引合、2:訪問、3:提案、4:受注
6	前ステータス期間	前のステータスから登録されたステータスに 変わるまでの日数
7	訪問回数	今までに訪問した累積回数
8	自社セミナー参加	自社開催セミナーに参加したかどうかの有無 1:参加、0:不参加
9	受注有無	最終的に受注に至ったかどうかの有無 1:受注、0:失注
10	受注日	受注した日付
11	受注までの期間	登録したステータスから受注するまでに要した日数
12	受注金額	受注金額（単位:円）

まず、データを読み込みます。

今回は、RStudio 上から「CSV ファイル」を読み込みます。先ほど説明した Excel データの読み込みとほぼ同じです。

CSV ファイルのデータの読み込みには、RStudioの右上にある「Environment」の「Import Dataset」をクリックします。いくつかのファイル形式を選択できるようになっているので、その中から「From CSV」をクリックし選択します。

付録2　Rを使った予測（簡便法と統計モデル）　221

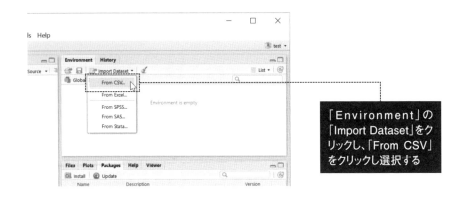

「From CSV」をクリックし選択すると、読み込むデータを指定する「ダイアログボックス」が表示されます。

「ダイアログボックス」の右上にある「Browse」ボタンをクリックし、読み込むCSVファイルを選択します。「ダイアログボックス」の真ん中に「読み込むデータ」の一部が表示されます。

「ダイアログボックス」の右下にある「Import」ボタンをクリックすると、データを読み込みます。

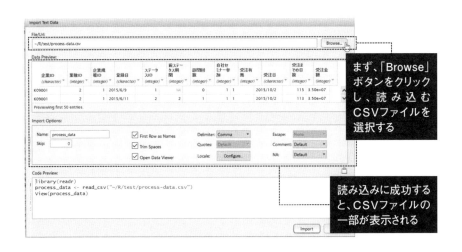

読み込みが終了すると、次の画面のように、読み込んだデータである「process_data」が「Environment」に表示されます。この表示された

「process_data」をクリックすると、左上に「process_data」の内容の一部が表示されます。

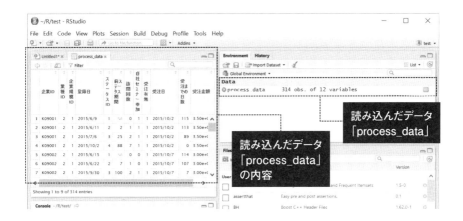

パッケージ「reshape2」を使うためには、RStudio の右下のウィンドウ・ペインの「Pakages」タブをクリックし、その中から「reshape2」を探しチェックを入れます。これで、パッケージ「reshape2」を使うことができます。

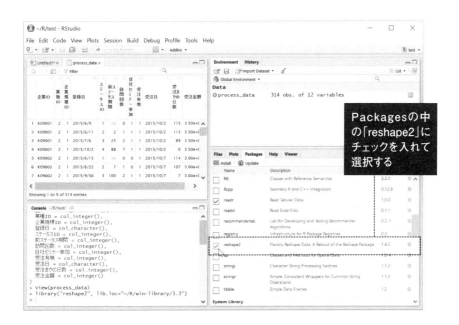

付録2　Rを使った予測（簡便法と統計モデル）　223

次の表に記載されている「Rの命令文」を、RStudioの左上に記載し「Run」で実行します。その出力結果が次の表の左側になります。

出力結果	Rの命令文
cross11 | 業種ID	企業規模ID	ステータスID	失注	受注 | |---|---|---|---|---| | 1 | 1 | 1 | 1 | 22 | 7 | | 2 | 1 | 1 | 2 | 21 | 7 | | 3 | 1 | 1 | 3 | 14 | 7 | | 4 | 1 | 1 | 4 | 0 | 7 | | 5 | 1 | 2 | 1 | 10 | 5 | | 6 | 1 | 2 | 2 | 8 | 5 | | 7 | 1 | 2 | 3 | 5 | 5 | | 8 | 1 | 2 | 4 | 0 | 5 |	cross11 <- dcast(process_data, process_data$ 業種 ID ＋ process_data$ 企業規模 ID ＋ process_data$ ステータス ID ~ process_data$ 受注有無) colnames(cross11) <- c(' 業種 ID',' 企業規模 ID',' ステータス ID',' 失注 ',' 受注 ')
cross13 業種ID / 企業規模ID / ステータスID / 失注 / 受注 / 受注率	cross12 <- cbind(cross11,受注率＝cross11$受注/(cross11$失注＋cross11$受注)) cross13 <- subset(cross12,cross12$ステータスID<=3)

cross13 の表:

	業種ID	企業規模ID	ステータスID	失注	受注	受注率
1	1	1	1	22	7	0.2413793
2	1	1	2	21	7	0.2500000
3	1	1	3	14	7	0.3333333
5	1	2	1	10	5	0.3333333
6	1	2	2	8	5	0.3846154
7	1	2	3	5	5	0.5000000
9	2	1	1	11	7	0.3888889
10	2	1	2	10	7	0.4117647

　パッケージ「reshape2」の命令文「dcast ()」を使い集計します。その結果を「cross11」に格納します。命令文「colnames ()」で、「cross11」の変数名を再定義します。

　「dcast ()」の構文は、「dcast（利用データ、表側～表頭、集計方法）」です。今回は、集計方法（例：平均など）を指定していないので、セルが件数（度数）の表側（業種 ID ＋企業規模 ID ＋ステータス ID）×表頭（受注有無）のクロス集計表（cross11）が出力されます。

　「cross11」は、失注と受注の件数（度数）の集計結果なので、ここから受注率を計算します。命令文「cbind ()」を使い、その計算結果を新たに作った変数に格納します（cross12）。

　さらに、ステータス ID が「4（受注）」のステータスを除外するために、

命令文「subset（）」を使います。この命令文は、データの一部分を抜き出すときに使います。

　これで集計は完成です（cross13）。

■ 受注期間を予測する

　業種や企業規模などで受注期間の平均値を算出し、その値を予測値として利用します。利用するデータは、受注率と同じ「process_data」です。

出力結果	Rの命令文
data20 		業種ID	企業規模ID	ステータスID	受注までの日数
---	---	---	---	---
1	2	1	1	115
2	2	1	2	113
3	2	1	3	89
4	2	1	4	0
5	2	1	1	114
6	2	1	2	107
7|2|1|3|7|	data20 <- subset(process_data, select=c('業種ID','企業規模ID','ステータスID','受注までの日数'),process_data$受注有無==1)
cross22 		業種ID	企業規模ID	引合後からの受注期間	訪問後からの受注期間	提案後からの受注期間
---	---	---	---	---	---
1	1	1	129.00000	119.28571	90.57143
2	1	2	64.60000	46.40000	25.60000
3	2	1	118.57143	99.14286	48.85714
4	2	2	33.66667	23.66667	11.00000
5	3	1	93.00000	51.00000	42.00000
6|3|2|45.00000|28.40000|16.40000|	cross21 <- dcast(data20, data20$業種ID + data20$企業規模ID ~ data20$ステータスID,mean) cross22 <- cross21[,1:5] colnames(cross22) <- c('業種ID','企業規模ID','引合後からの受注期間','訪問後からの受注期間','提案後からの受注期間')

　まず、命令文「subset（）」で必要なデータを「process_data」から抜き出します（data20）。抜き出すのは、「業種ID」と「企業規模ID」、「ステータスID」、「受注までの日数」の4つの変数です。さらに、対象データが受注したプロセスだけなので、「subset（）」の中で「process_data $ 受注有無＝＝1」という条件式を入れ、受注したプロセスだけを抜き出します。

付録2　Rを使った予測（簡便法と統計モデル）　225

次に、「dcast（）」で集計します。表側（業種 ID ＋企業規模 ID）×表頭（ス
テータス ID）で、集計方法は平均（mean）です。その集計結果は「cross21」
に格納されます。

「cross21」の 6 番目の変数が余計（ステータス ID が 4 の受注）なため、
「cross21［,1:5］」で 6 番目の変数以外のデータを「cross22」に格納し、命
令文「colnames（）」で変数名を再定義します。

これで集計は完成です。

■受注金額を予測する

受注期間とほぼ同じです。

出力結果	Rの命令文
data30 		業種ID	企業規模ID	ステータスID	受注金額
---	---	---	---	---
1	2	1	1	3.50e+07
2	2	1	2	3.50e+07
3	2	1	3	3.50e+07
4	2	1	4	3.50e+07
5	2	1	1	3.00e+07
6	2	1	2	3.00e+07		data30 <- subset(process_data, select=c('業種ID','企業規模ID','ステータスID','受注金額'),process_data$受注有無==1)
cross32 		業種ID	企業規模ID	受注金額
---	---	---	---
1	1	1	67428571
2	1	2	26320000
3	2	1	37000000
4	2	2	13266667
5	3	1	31500000
6	3	2	21180000		cross31 <- dcast(data30, data30$業種ID + data30$企業規模ID~data30$ステータスID,mean) cross32 <- cross31[,1:3] colnames(cross32) <- c('業種ID','企業規模ID','受注金額')

補足として、ステータスが「引合」の時点での、受注率と受注金額のマッ
プの作り方を説明します。早い段階でリード（見込み顧客）を取捨選択する
ときに活用します。

出力結果	Rの命令文
cross41 		業種ID	企業規 模ID	受注率	受注金額	v5
---	---	---	---	---	---
1	1	1	0.2413793	67428571	1-1
4	1	2	0.3333333	26320000	1-2
7	2	1	0.3888889	37000000	2-1
10	2	2	0.2307692	13266667	2-2
13	3	1	0.1250000	31500000	3-1
16	3	2	0.1351351	21180000	3-2		cross40 <- merge(cross13,cross32,by=c('業種ID','企業規模ID')) cross41 <- subset(cross40,select=c('業種ID','企業規模ID','受注率','受注金額'),ステータスID==1) cross41[,5] <- paste(cross41[,1], cross41[,2], sep = "-")
マップ 	plot(cross41$受注率,cross41$受注金額,xlab='受注率',ylab='受注金額') pointLabel(cross41$受注率,cross41$受注金額,labels=cross41[,5])

　命令文「merge ()」で受注率の結果である「cross13」と受注金額の結果である「cross32」を結合します。その後、命令文「paste ()」で「業種ID」と「企業規模ID」を結合した変数（v5）を新たに作り、マップ用のデータ（cross41）とします。

　次に、命令文「plot ()」でマップを作ります。これでは味気ないので、パッケージ「maptools」の命令文「pointLabel ()」を使い、作成したマップにテキストのラベルをつけます。

　このとき、パッケージ「maptools」を使えるように、忘れずに右下のウィンドウ・ペインの「Packages」タブをクリックし、「maptools」にチェックを入れておきましょう。

付録2　Rを使った予測（簡便法と統計モデル）　227

■ 離反率を予測する

　利用するデータは、既存顧客が離反したかどうかのデータになります。次のデータ（churn_data.csv）です。

　以下の9変数からなります。

　集計の仕方は、受注率とほぼ同じです。

No	データ項目名	説明
1	企業ID	リード（見込み顧客）を識別するID
2	業種ID	業種を識別するID （例）1:製造業、2:小売業、3:建設業など
3	企業規模ID	企業規模を識別するID （例）1:大企業、2:中小企業など
4	訪問回数_直近1年	直近1年間に訪問した回数
5	名刺交換数_直近1年	直近1年間に名刺交換をした回数
6	取引年数	初取引（新規受注）からの年数

7	取引金額_直近1年	直近1年間の取引額(売上)
8	総取引金額	初取引(新規受注)からの全取引額(全売上)
9	離反	離反したかどうかの有無 1:離反、0:継続

出力結果	Rの命令文
cross51 　　業種ID　企業規模ID　継続　離反 1　　1　　1　　304　　9 2　　1　　2　　95　　5 3　　2　　1　　301　　42 4　　2　　2　　84　　21 5　　3　　1　　90　　6 6　　3　　2　　127　　8	cross51 <- dcast(churn_data, churn_data\$業種ID + churn_data\$企業規模ID~churn_data\$離反) colnames(cross51) <- c('業種ID','企業規模ID','継続','離反')
cross52 　　業種ID　企業規模ID　継続　離反　離反率 1　　1　　1　　304　　9　　0.02875399 2　　1　　2　　95　　5　　0.05000000 3　　2　　1　　301　　42　　0.12244898 4　　2　　2　　84　　21　　0.20000000 5　　3　　1　　90　　6　　0.06250000 6　　3　　2　　127　　8　　0.05925926	cross52 <- cbind(cross51,離反率=cross51\$離反/(cross51\$継続+cross51\$離反))

■ LTVを予測する

　売上ベースのLTVの計算方法を説明します。

「売上ベースLTV＝年間平均客単価×平均継続年数」および「平均継続年数＝1÷離反率」で計算します。離反率の予測値として、先ほどの集計ベースのものを利用します。

　まず、命令文「subset（）」で離反した既存顧客のデータと、必要な変数を抜き出します。必要な変数は、「業種ID」と「企業規模ID」、「取引年数」、「総取引金額」の4つです。「総取引金額」を「取引年数」で割ることで「年間平均客単価」を計算し、新たな変数とします（cross61）。

出力結果	Rの命令文
cross61 		業種ID	企業規模ID	取引年数	総取引金額	年間平均客単価
---	---	---	---	---	---
1	1	1	11	516822000	46983818
2	1	2	1	15640000	15640000
3	2	1	2	11255000	5627500
4	2	2	1	7816000	7816000
5	2	2	12	688133000	57344417
6	2	1	1	14056000	14056000
7	2	1	1	5776000	5776000
8	2	1	1	14696000	14696000		data60 <-subset(churn_data,select= c('業種ID','企業規模ID','取引年数', '総取引金額'),churn_data\$離反==1) cross61 <- cbind(data60, 年間平均客単価=data60\$総取引金額 /data60\$取引年数)
cross63（年間平均客単価） 		業種ID	1	2
---	---	---	---
1	1	38839997	15644000
2	2	34322441	30203567
3	3	13407408	7136708		cross62 <- subset(cross61,select =c('業種ID','企業規模ID','年間平均客単価')) cross63 <- dcast(cross62,cross62\$業種ID ~ cross62\$企業規模ID,mean) colnames(cross63) <- c('業種ID','1','2')
cross66 		業種ID	企業規模ID	継続	離反	離反率	年間平均客単価	平均継続年数
---	---	---	---	---	---	---	---
1	1	1	304	9	0.02875399	38839997	34.777778
2	1	2	95	5	0.05000000	15644000	20.000000
3	2	1	301	42	0.12244898	34322441	8.166667
4	2	2	84	21	0.20000000	30203567	5.000000
5	3	1	90	6	0.06250000	13407408	16.000000
6	3	2	127	8	0.05925926	7136708	16.875000		cross64 <- melt(cross63, id.vars = c('業種ID'), variable.name = '企業規模ID', value.name = '年間平均客単価') cross65 <- merge(cross52,cross64, by=c('業種ID','企業規模ID')) cross66 <- cbind(cross65, 平均継続年数=1/cross65\$離反率)
cross67 		業種ID	企業規模ID	継続	離反	離反率	年間平均客単価	平均継続年数	売上ベースLTV
---	---	---	---	---	---	---	---	---
1	1	1	304	9	0.02875399	38839997	34.777778	1350768780
2	1	2	95	5	0.05000000	15644000	20.000000	312880000
3	2	1	301	42	0.12244898	34322441	8.166667	280299934
4	2	2	84	21	0.20000000	30203567	5.000000	151017835
5	3	1	90	6	0.06250000	13407408	16.000000	214518533
6	3	2	127	8	0.05925926	7136708	16.875000	120431953		cross67 <- cbind(cross66, 売上ベースLTV=cross66\$平均継続年数 *cross66\$年間平均客単価)

次に、業種・企業規模別の「年間平均客単価」を命令文「dcast()」を使い集計します（cross63）。

さらに、パッケージ「reshape2」の命令文「melt()」で、横長の集計（cross63）を縦長の集計（cross64）に変換します。

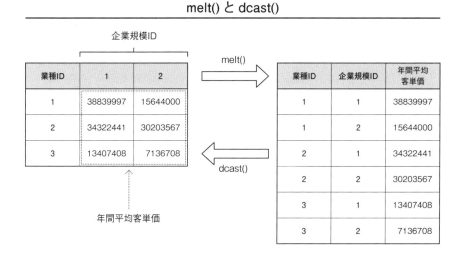

melt() と dcast()

そして、先ほど計算した離反率の集計表（cross52）を命令文「merge()」で結合します。さらに、離反率から「平均継続年数」を計算し、売上ベースのLTVを計算するための集計結果（cross66）を作成します。

最後に、この集計結果から売上ベースのLTVを計算します。
統計モデルでLTVを計算するときは、統計モデルで予測した離反率などを使うだけで、基本的な計算方法はほぼ同じです。

フロー指標の値を予測する

受注率の予測のやり方と似ています。違いは、受注率ではなくステータス間の遷移率になっただけです。利用するデータは、受注率と同じ「process_ data」です。

今回は、「訪問⇒提案」のステータスの遷移率（訪問後提案率）を計算します。

受注率の計算との大きな違いは、「訪問」したリード（見込み顧客）にデータを絞ったことと、「提案」したかどうかの「0（非遷移）or 1（遷移）」のデータを作り集計したことです。

出力結果	Rの命令文
cross71 |	企業ID	業種ID	企業規模ID	引合	訪問	提案	受注 | |---| | 1 | K01001 | 1 | 1 | 1 | 1 | 1 | 1 | | 2 | K01002 | 1 | 1 | 1 | 1 | 1 | 1 | | 3 | K01003 | 1 | 1 | 1 | 1 | 1 | 1 | | 4 | K01004 | 1 | 1 | 1 | 1 | 1 | 1 | | 5 | K01005 | 1 | 1 | 1 | 1 | 1 | 1 | | 6 | K01006 | 1 | 1 | 1 | 1 | 1 | 1 | | 7 | K01007 | 1 | 1 | 1 | 1 | 1 | 1 | | 8 | K01008 | 1 | 2 | 1 | 1 | 1 | 1 | | 9 | K01009 | 1 | 2 | 1 | 1 | 1 | 1 | | 10 | K01010 | 1 | 2 | 1 | 1 | 1 | 1 |	data70 <- subset(process_data, select=c('企業ID','業種ID','企業規模ID','ステータスID')) cross71 <- dcast(data70, data70\$企業ID + data70\$業種ID + data70\$企業規模ID ~ data70\$ステータスID) colnames(cross71) <- c('企業ID','業種ID','企業規模ID','引合','訪問','提案','受注')

cross71

	企業ID	業種ID	企業規模ID	引合	訪問	提案	受注
1	K01001	1	1	1	1	1	1
2	K01002	1	1	1	1	1	1
3	K01003	1	1	1	1	1	1
4	K01004	1	1	1	1	1	1
5	K01005	1	1	1	1	1	1
6	K01006	1	1	1	1	1	1
7	K01007	1	1	1	1	1	1
8	K01008	1	2	1	1	1	1
9	K01009	1	2	1	1	1	1
10	K01010	1	2	1	1	1	1

```
data70 <- subset(process_data,
select=c('企業ID','業種ID','企業規模
ID','ステータスID'))

cross71 <- dcast(data70, data70$
企業ID + data70$業種ID + data70$
企業規模ID ～ data70$ステータスID)

colnames(cross71) <- c('企業ID','業
種ID','企業規模ID','引合','訪問','提案
','受注')
```

cross72

	企業ID	業種ID	企業規模ID	提案
1	K01001	1	1	1
2	K01002	1	1	1
3	K01003	1	1	1
4	K01004	1	1	1
5	K01005	1	1	1
6	K01006	1	1	1
7	K01007	1	1	1
8	K01008	1	2	1

```
cross72 <- subset(cross71,select=
c('企業ID','業種ID','企業規模ID','提案
'),cross71$訪問==1)

cross73 <- dcast(cross72,
cross72$業種ID + cross72$企業規
模ID ～ cross72$提案)
```

cross74

	業種ID	企業規模ID	非遷移	遷移	訪問後提案率
1	1	1	7	21	0.7500000
2	1	2	3	10	0.7692308
3	2	1	6	11	0.6470588
4	2	2	7	5	0.4166667
5	3	1	3	3	0.5000000
6	3	2	26	7	0.2121212

```
colnames(cross73) <- c('業種ID','企
業規模ID','非遷移','遷移')

cross74 <- cbind(cross73,訪問後提
案率=cross73$遷移/(cross73$非遷
移+cross73$遷移))
```

まず、命令文「subset ()」で必要な変数だけ抜き出します。必要な変数は、「企業 ID」と「業種 ID」、「企業規模 ID」、「ステータス ID」の 4 つです。命令文「dcast ()」で「ステータス ID」を表頭にした表を作ります（cross71）。

　次に、命令文「subset ()」で「訪問」したリード（見込み顧客）にデータを絞ります。

　このとき、残す変数は「業種 ID」と「企業規模 ID」、「提案」の 3 つです。さらに、命令文「dcast ()」で、「提案」したかどうかの「0 (非遷移) or 1 (遷移)」の表を作ります（cross72）。

「cross72」は、非遷移と遷移の件数（度数）の集計結果なので、ここから遷移率を計算します。その計算結果を新たに作った変数に格納します。

　これで集計は完成です。

2 統計モデルを使った予測

　簡便法は、単純に集計した結果を予測値として用いるため、Excel レベルでもできます。

　しかし、予測で用いる変数（例：業種や企業規模など）が増え、「量」や「カテゴリー」などのいろいろな変数を複合的に絡めて予測をしたいときには、簡便法では限界があります。このような場合には、統計モデルが便利です。

■ 罰則付き回帰モデルとは？

　営業やマーケティング系の統計モデルを作るとき、予測で使う変数間の相関が高いマルチコ（多重共線性）の問題が発生したり、変数のパラメータが負になり直感と大きくずれる問題（例：広告を打てば打つほど売り上げが減る）などが発生したりすることがあります。さらに、少数の変数で予測したいときには、変数選択の問題も発生します。

　そのような問題を解決する手法としてRのパッケージ「glmnet」を使った「罰則付き回帰モデル」があります。

　罰則付き回帰モデルには、いくつか種類があります。有名なのは次の３つです。

① Ridge 回帰
② Lasso 回帰
③ Elastic Net 回帰

　Ridge 回帰でマルチコ（多重共線性）の問題にある程度対処することがで

き、Lasso 回帰で変数選択の問題にある程度対処することができます。

Elastic Net 回帰は、Ridge 回帰と Lasso 回帰の中間に位置するものです。

ここでは、非負制約付きのロジスティック Ridge 回帰で受注率の統計モデルを構築する方法を、先ほど簡便法で利用したデータ（process_data. csv）を使い説明します。

変数選択を絡めたい方は、Lasso 回帰か Elastic Net 回帰でモデルを構築してください。

受注期間や受注金額、離反率などを予測するための統計モデルも、構築の仕方はほぼ同じです。若干「glmnet」の設定に違いがありますので、後ほど説明を加えます。

統計モデル構築用データの作成

統計モデル構築用のデータを作ります。

出力結果	Rの命令文
data80	data80 <- subset(process_data, select = c('業種ID','企業規模ID','ステータスID','訪問回数','自社セミナー参加','受注有無'), process_data $ ステータスID<4)
data81	data81 <- dummy.data.frame (data80, sep = "_", names = c("業種ID", "企業規模ID","ステータスID")) mat<-as.matrix(data81 [,1:10]) target<-as.matrix(data81 [,11])

付録2　Rを使った予測（簡便法と統計モデル）　235

まず、命令文「subset（）」で「ステータス」が「4（受注)」のデータを除外し、必要な変数を抜き出します（data80)。必要なのは、「業種ID」と「企業規模ID」、「ステータスID」、「訪問回数」、「自社セミナー参加」、「受注有無」の6変数です。

　次に、カテゴリー変数をダミー変数化します（data81)。そして、統計モデルの「目的変数（target)」と「説明変数（mat)」にデータを分けます。「as.matrix（）」は行列型に変換する命令文です。

　カテゴリー変数のダミー変数化について、補足説明します。

　変数には、「量」と「カテゴリー」があります。例えば、「訪問回数」は量で、「業種ID」はカテゴリーです。

　カテゴリーを統計モデルに組み込むときは、ひと工夫必要になります。カテゴリー変数（例：業種ID）の数字別（例：1（製造業）、2（小売業）、3（建設業))に変数を新たに作る必要があります。これをダミー変数といいます。

カテゴリー変数のダミー変数化

	業種ID		業種ID_1	業種ID_2	業種ID_3
1	1	→	1	0	0
2	2		0	1	0
3	1		1	0	0
4	3		0	0	1
5	2		0	1	0

カテゴリー変数 ／ ダミー変数

　Rでは、パッケージ「dummies」を使うことで簡単にダミー変数を作ることができます。

■受注率を予測するための統計モデルの構築

次に、Ridge 回帰の統計モデルを構築します。

```
ridgeModel<-cv.glmnet(
  x=mat,
  y=target,
  family="binomial",
  alpha=0,
  lower.limits=c(-Inf,-Inf,-Inf,-Inf,-Inf,-Inf,-Inf,-Inf,0,0)
)

ridgeModel2<-glmnet(
  x=mat,
  y=target,
  family="binomial",
  alpha=0,
  lambda=ridgeModel$lambda.min,
  lower.limits=c(-Inf,-Inf,-Inf,-Inf,-Inf,-Inf,-Inf,-Inf,0,0)
)
```

罰則付き回帰モデルには、罰則の強さを表わす λ（ラムダ）を決める必要があります。よりよい λ（ラムダ）を決めるために、命令文「cv.glmnet ()」でクロス・バリデーションを実施し λ（ラムダ）を決めます。

例では、「cv.glmnet ()」の結果は「ridgeModel」に格納しています。「ridgeModel $ lambda.min」によりよいと思われる λ（ラムダ）の値が格納されています。

「ridgeModel $ lambda.min」を λ（ラムダ）に設定し、命令文「glmnet ()」で統計モデルを構築します。

ちなみに、非負制約は「lower.limits」（下限）で指定しています。制約をつけない1番目から8番目までの説明変数に対し「−Inf」（マイナス無限大）を指定し、非負制約をつける9番目と10番目の説明変数に対し「0」を指定

付録2　Rを使った予測（簡便法と統計モデル）　237

します。

「glmnet（）」の「family」の設定の補足説明です。

　受注期間や受注金額などの「量」を予測する場合、「glmnet（）」では「family = "binomial"」ではなく「family = "gaussian"」にします。

　離反率やステータス間の遷移率などの〇〇率を予測する統計モデルを構築する場合、受注率のときと同じく「family = "binomial"」とします。〇〇率を予測するときは、変数が２値（例：「受注」と「失注」）だからです。

「glmnet（）」の「alpha」の設定の補足説明です。

「alpha = 0」のとき Ridge 回帰、「alpha = 1」のとき Lasso 回帰、「0<alpha<1」のとき Elastic Net 回帰と呼ばれます。Elastic Net 回帰は、alpha が0に近いほど Ridge 回帰に近づき、alpha が1に近いほど Lasso 回帰に近づきます。

　構築した統計モデルの係数を見るときは、以下のように命令文「coef（）」で出力します。

```
coef(ridgeModel2)
```

　この係数で予測するときは、次のように命令文「predict（）」を実行（Run）します。

```
pred_ridgeModel2<-predict(
ridgeModel2,
type="response",
newx=X
)
```

「newx」に予測で使うデータを入力します。この例では、予測結果は「pred_ridgeModel2」に格納されます。CSVファイルとして出力するときは次のようにします。

```
write.table(pred_ridgeModel2, "pred_ridgeModel2.csv" , sep=",")
```

「pred_ridgeModel2.csv」というCSVファイルが新たに作られ、その中に予測結果が記録されます。

　ここでは、クロス・バリデーションの説明やbinomial、gaussianの説明は省きます。数理統計学の教科書などを参考にしていただければと思います。

　ちなみに、罰則付き回帰モデルについては、『The Elements of Statistical Learning』（Trevor Hastie 他，Springer，2009年）が参考になります。日本語翻訳版の『統計的学習の基礎』（共立出版、2014年）も刊行されています。

付録2　Rを使った予測（簡便法と統計モデル）　239

3 次に勧めるべき商材を予測（レコメンド）する

「顧客間の買い方の類似度」から、次にお勧めすべき商材のレコメンド・リストの作成方法（顧客ベースの協調フィルタリング）を説明します。

以下の、顧客と商材のマトリックス上のデータ（shipping_data.csv）を使います。購入経験がある場合「1」が記載されています。実際に使うデータは「1」である必要はなく、購入回数でも購入点数でも構いません。今回は簡単にするために「1」に設定しています。

以下の3変数と商材名の変数からなるデータです。

No	データ項目名	説明
1	企業ID	リード（見込み顧客）を識別するID
2	業種ID	業種を識別するID （例）1:製造業、2:小売業、3:建設業など
3	企業規模ID	企業規模を識別するID （例）1:大企業、2:中小企業など
4	T10006	商材コードT10006 1:購入
⋮	⋮	⋮

　パッケージ「recommenderlab」を使うことで、簡単にレコメンド・リストを作成できます。

出力結果	Rの命令文
data90 （data90のマトリックス出力）	data90<-as(shipping_data[,4:31],"matrix") data91 <- as(data90,"realRatingMatrix")
レコメンド・リスト	recommenderRegistry$get_entries(dataType="realRatingMatrix")

レコメンド・リスト

企業ID	お勧め1	お勧め2	お勧め3
K11001	T10014	T10025	T10029
K11002	T10006	T10025	T10034
K11003	T10014	T10037	T20049
K11004	T10025	T10029	T20049
K11005	T10014	T10021	T10025

Rの命令文（続き）

```
recommenderRegistry$get_entries(dataType="realRatingMatrix")

recom <- Recommender(data91, method = "UBCF")

recomItem <- predict(recom,data91[1:5], n=3)

as(recomItem, "list")
```

　まず、協調フィルタリング用のデータを作成します。商材名の変数だけ抜き出しマトリックス型にします（data90）。さらに、パッケージ

付録2　Rを使った予測（簡便法と統計モデル）　241

「recommenderlab」の「realRatingMatrix」型に変換します（data91）。

　次に、「recommenderRegistry ＄ get_entries（）」でレジストリを取得し、命令文「Recommender」で Recommender を生成します。アルゴリズムは、「method = "UBCF"」とすることで「顧客ベースの協調フィルタリング」になります。UBCF とは、User-based Collaborative Filtering のことです。

　他には、ランダムに選んでレコメンドする「random items」（method = "RANDOM"）や購入者数から人気の高いものをレコメンドする「popular items」（method = "POPULAR"）、商材ベースの協調フィルタリングである「item-based CF」（method = "IBCF"）、SVD という次元削減手法を使った「SVD approximation」（method = "SVD"）などのアルゴリズムがあります。

　商材のレコメンド・リストを出力するために、命令文「predict（）」を実行します。「predict（）」の「n」はレコメンドする商材数です。

　この例では、「data91［1:5］」（この例では 5 名分）がレコメンドする顧客の購買情報になります。「n = 3」に設定しているので、レコメンド・リストには 1 人あたり最大 3 商材掲載されます。

　そのレコメンド結果を「recomItem」に格納し、命令文「as（）」でその結果を取り出します。

おわりに

　私が就職したてのころ、データ分析歴30年以上の大先輩に、次のようなことを言われました。

「分析屋にはなるな！」

　今でも鮮明に覚えている小言です。しばらく、私は意味が分かりませんでした。

■ 活かす意思がないなら、やめてしまえ！

　半年ぐらい経ち、彼が何を言いたかったのか、理解できるようになりました。似たようなことを何度も言われたからです。

　簡単に言うと、データ分析の「その先の活用まで考えろ！」ということです。当たり前のことといえば、当たり前のことです。

　しかし、データ分析にこなれてくると、どうしてもデータ分析そのものに目がいきがちです。その先の活用への意識が、不思議と希薄になります。当たり前のことが、当たり前にできなくなるのです。

　例えば、新しい分析理論、高価な分析マシーン、便利な分析ツール、きれいなデータ……このようなことばかりに目がいくのです。私も例外ではなく、この罠にはまっていた時期がありました。

　私の経験から申し上げると、データ分析の「その先の活用への意識」を強烈に持つくらいがちょうどよいです。そうしないと、活かされないデータ分析になりがちです。

　どんなにきれいなデータがあっても、どんなに素晴らしい分析をしても、活かされないデータ分析は無価値です。無価値どころか、データの蓄積コスト、分析のためのIT投資、人件費など、利益を圧迫するコスト要因となり、

お荷物になるだけです。

そのようなことではいけない。

▪ データ分析は、スゴイ狂言回し

うれしいことに最近、どうにかデータ活用できないものだろうかと模索する企業や人が増えています。

例えば、ビッグデータ、データサイエンス、機械学習、AI（人工知能）などのキーワードは、まさにその期待の表われでしょう。

まさに、データ分析がビジネスを引っ張っていく。そのような、データ分析が主役に躍り出る時代が、近づいてきたのでしょうか。

先ほどと同じデータ分析の大先輩に、次のようなことも言われました。

「データ分析は主役ではない。でしゃばらせるな！」

データ分析はあくまでも、「データを活用する人」を手助けするものです。**主役はその「データを活用する人」です。**

例えば、営業のデータ活用であれば、主役は「営業パーソン」。マーケティングのデータ活用であれば、主役は「マーケター」。経理のデータ活用であれば、主役は「経理担当者」。

データ分析は、主役ではありません。しかし、脇役というわけでもありません。

データ分析は、主役の物語を進行していく「狂言回し」に近いでしょう。地味だけど重要な役回りです。手塚治虫の有名な漫画『火の鳥』に登場する火の鳥のイメージです。火の鳥は、時間を超越して物語を進行し、各ストーリーの主役を導く「狂言回し」の役回りを演じています。

データ分析も同じです。過去を見つめ未来を見通し、主役である営業パーソンやマーケターなどをよりよい方向に導き、素敵な物語に仕上げていきます。

そして、活かされないデータ分析は、そんな狂言回しの役を演じる機会を奪われています。

■ とりあえず、狂言回しになるための3つのポイント

　狂言回しの役回りを、データ分析に演じてもらうための３つのポイントがあります。この書籍でも何度も触れているような内容です。

① まずは「質」より「量」
②「どう分析するか」よりも「どう活かすか」
③「打ち上げ花火」よりも「線香花火」

　①の「まずは『質』より『量』」とは、「ああだ、こうだ」とブツブツ言う前に、とりあえずデータ分析を始めよ！　ということです。まずはありもののデータと分析ツールで、とりあえず手を動かしてみる。

　分析環境が整っていないと文句をつぶやいたり、頭の中で「ああでもない、こうでもない」と妄想したりする暇があったら、たくさん手を動かして壁にぶち当たったほうが実りは大きいものです。

　まずは、データ分析の質よりも、データ分析の経験量です。

　②の「『どう分析するか』よりも『どう活かすか』」とは、データ分析そのものよりも、データ分析の先にある「活用」を重視しよう！　ということです。本書でも何度か言っていることです。

　活かされないデータ分析は無価値です。溜めたデータがゴミになるか宝になるかは、データ分析しだいです。

　どうせなら、せっかく溜めたデータですから、どんなに汚いデータでもその可能性を信じ、データ分析でデータを宝に換えましょう。

　③の「『打ち上げ花火』よりも『線香花火』」とは、一発ドカーンとすごいデータ分析を夢見るよりも、堅実で長く続けるデータ分析を目指しましょう！　ということです。

　そもそも、過去のデータをいくら分析しても、新しいスゴイ発見をすることは稀です。データ分析で、劇的な変化はそうそう起こりません。

どちらかというと、知るべきことを確実に知り、やれることを確実にやる。過去の傾向から対策を打つ。過去の失敗を二度と犯さない。このようなデータ分析をコツコツ地味に続けると、ものすごい成果として跳ね返ってきます。ホームランバッターではなく、息の長いアベレージヒッターのイメージです。

　一言でまとめると、「とりあえずデータ分析を始め、活用する意識を常に持ちながら、コツコツと続けよう！」ということです。
　難しいことは何もありません。

① とりあえず始める
② 活用を意識する
③ コツコツ続ける

　たったこれだけで、データ分析がスゴイ狂言回しになるのです。

■ スゴイ狂言回しを手に入れる素晴らしさ

　火の鳥のように時間を超越し物語を進行する「スゴイ狂言回し」であるデータ分析をすることで、過去に囚われることもなく、未来を憂えることもなく、今現在に絶望することもなければ、ブームに踊らされることも少なくなることでしょう。

　データを使い、過去をしっかり見つめ、これからの未来を見通すことで、主役である営業パーソンやマーケターなどが、今このときに集中し、最もよいパフォーマンスを発揮できるよう導くことができます。

　そのような「スゴイ狂言回し」を手に入れられたら、なんと素晴らしいことでしょう。想像するだけでワクワクします。
　さぁ、ありもののデータと分析ツールで、とりあえずデータ分析を始めてみましょう！

高橋威知郎

著者略歴

高橋　威知郎（たかはし　いちろう）

株式会社セールスアナリティクス 代表取締役、データ分析・活用コンサルタント
内閣府（旧総理府）およびコンサルティングファーム、大手情報通信業などを経て現職。官公庁時代から一貫してデータ分析業務に携わる。ビジネスデータを活用した事業戦略および営業戦略、マーケティング戦略、マーケティングROI（投下資本利益率）、LTV（顧客生涯価値）や、統計モデルや機械学習などの数理モデルの構築のコンサルティングを、組織の内外で行なう。
著書に『14のフレームワークで考えるデータ分析の教科書』（かんき出版）、『ロジカルデータ分析』（日経BP社）、『資料作成の質を高める5ステップ』（翔泳社）、『最速で収益につなげる完全自動のデータ分析』（クロスメディア・パブリッシング）、共著に『トップデータサイエンティストが教えるデータ活用実践教室』（日経BP社）、『データサイエンティストの秘密ノート　35の失敗事例と克服法』（SBクリエイティブ）、『データサイエンティスト養成読本　ビジネス活用編』（技術評論社）。

営業生産性を高める！
「データ分析」の技術

平成29年 9月 7日　初版発行
令和元年 5月30日　2刷発行

著　者 —— 高橋威知郎

発行者 —— 中島治久

発行所 —— 同文舘出版株式会社

東京都千代田区神田神保町1-41　〒101-0051
電話　営業03（3294）1801　編集03（3294）1802
振替00100-8-42935
http://www.dobunkan.co.jp/

©I. Takahashi
印刷／製本：萩原印刷

ISBN978-4-495-53821-7
Printed in Japan 2017

JCOPY ＜出版者著作権管理機構 委託出版物＞
本書の無断複製は著作権法上での例外を除き禁じられています。複製される場合は、そのつど事前に、出版者著作権管理機構（電話 03-5244-5088、FAX 03-5244-5089、e-mail: info@jcopy.or.jp）の許諾を得てください。

仕事・生き方・情報を サポートするシリーズ

あなたのやる気に1冊の自己投資！

1枚のシートで業績アップ！
営業プロセス"見える化"マネジメント

「営業の勝ちパターン」で効率よく業績改善する！

山田 和裕著／**本体 1,800円**

精神論で部下を叱咤激励するだけの古い営業管理はもはや通用しない。できる営業のプロセスを標準化→1枚のシートで見える化→「営業の勝ちパターン」として組織で共有→効率よく業績改善につなげる方法を解説

BtoBマーケティング＆
セールス大全

非見込み客を売上に結び付けるために行なうべき施策

岩本 俊幸著／**本体 1,800円**

今、注目のBtoBマーケティングを体系的に解説した1冊！ ターゲットの購買行動から考えた6つのステップにそって、単なるイメージ広告に留まらずに、ターゲットの購買動機を引き出す手法や成功事例を多数紹介

図解
新人の「質問型営業」

新人でも営業成績が飛躍的に伸びる質問型営業の基本

青木 毅著／**本体 1,400円**

売り込まない。説明しない。「質問」でお客様の欲求・ニーズを高めていけば、自然に「買いたい」気持ちになる！ 3万人超の営業力を上げた「質問型営業」のマニュアルとトークスクリプトを図解でわかりやすく説明

同文舘出版

本体価格に消費税は含まれておりません。